MAHATMA GANDHI

Es gibt keinen Weg zum Frieden, denn Frieden ist der Weg

MOHANDAS KARAMCHAND GANDHI

Es gibt keinen Weg zum Frieden, denn Frieden ist der Weg

Herausgegeben von
Franziska Roosen

Kösel

MIX
Papier aus verantwortungsvollen Quellen
FSC® C014889

Verlagsgruppe Random House FSC® N001967

Die Texte diese Buches sind aus folgenden Ausgaben entnommen:
Mahatma Gandhi, Ausgewählte Werke, Hg. von Shriman Narayan, bearbeitet von Wolfgang Sternstein. Mit einem Nachwort von Gita Dharampal-Frick. Aus dem Englischen von Brigitte Luchesi und Wolfgang Sternstein, © Wallstein Verlag, Göttingen 2011.
Umschlag: Weiss Werkstatt, München
Satz: Vornehm Mediengestaltung GmbH, München
Druck und Bindung: Friedrich Pustet GmbH, Regensburg
Printed in Germany
ISBN 978-3-466-37240-9
www.koesel.de

Dieses Buch ist auch als E-Book erhältlich.

Inhalt

Einleitung 7
Familien- und Zeitzeugnisse 11
Menschenrechte 35
(Welt)frieden und Freiheit 45
Satyagraha (Festhalten an der Wahrheit) 67
Ahimsa (Gewaltlosigkeit) 89
Religion und Glauben 103
Ernährung und Gesundheit 129
Ansichten und Beobachtungen 147
Aphorismen 165

Einleitung

Mohandas Karamchand Gandhi wurde vor 150 Jahren in einer kleinen indischen Hafenstadt geboren, in einer Zeit, als Indien noch zum englischen Kolonialreich gehörte, Zylinder Mode waren – Gandhi kaufte als Student in London einen – und eilige Nachrichten per Telegramm verschickt wurden. Und trotzdem ist Gandhi in vielen seiner Gedanken und Ansichten so aktuell, als sei er ein Zeitgenosse. In die Weltgeschichte eingegangen ist Gandhi wegen seines politischen Engagements als Führer der indischen Unabhängigkeitsbewegung und Verfechter des gewaltfreien Widerstands, was ihm den Ehrentitel »Mahatma« einbrachte und fast den Friedensnobelpreis. (Fast, da diese Auszeichnung nicht posthum verliehen wird, weswegen das Komitee in Gandhis Todesjahr 1948 ganz darauf verzichtete, den Preis zu vergeben.)

Tatsächlich aber war Gandhi noch viel mehr als der Weltverbesserer und Freiheitskämpfer, als den wir ihn kennen. So tat er sich unter anderem hervor als Rechtsanwalt, Sanitäter, Vegetarier, Selbstversorger, Frauenrechtler, Lehrer, Weltreisender und Schriftsteller. Dieser letzten Tätigkeit verdanken wir die Möglichkeit, uns einen umfassenden und authentischen Eindruck von seinem Leben, Denken und Fühlen zu verschaffen.

Der vorliegende Band versammelt eine Auswahl von Texten, die Gandhi im Laufe der Jahre verfasst hat und die von der Aktualität und Vielseitigkeit seiner Persönlichkeit zeugen.

Familien- und Zeitzeugnisse

Vorbereitung und Feierlichkeiten anlässlich der Kinderhochzeit

Wir waren, wie gesagt, drei Brüder. Der erste war bereits verheiratet. Die Familienältesten beschlossen, meinen zweiten Bruder, der zwei oder drei Jahre älter als ich war, einen etwa ein Jahr älteren Cousin und mich gleichzeitig zu verheiraten. An unser Wohlergehen, ganz zu schweigen von unseren Wünschen, wurde dabei nicht gedacht. Was allein zählte, waren die praktischen und wirtschaftlichen Erwägungen der Ältesten.

Eine Eheschließung ist bei Hindus keine einfache Angelegenheit. Häufig ruinieren sich die Eltern von Braut und Bräutigam dabei. Sie verschwenden ihr Vermögen, sie verschwenden ihre Zeit. Monate vergehen über den Vorbereitungen – für die Herstellung von Kleidern und Schmuck und die Planung der Mahlzeiten. Jeder versucht, den anderen hinsichtlich der Anzahl und Vielseitigkeit der angebotenen Speisen zu übertreffen. Die Frauen singen sich – unabhängig davon, ob sie eine Stimme haben oder nicht – heiser, ja sogar krank und stören die Ruhe der Nachbarn. Diese wiederum nehmen den ganzen Tumult und

Lärm und all den Schmutz und Dreck, den die Festessen hinterlassen, widerspruchslos hin, weil sie wissen, dass die Zeit kommen wird, da sie das Gleiche tun werden.

Die Ältesten meiner Familie hielten es für das Beste, diese ganzen Scherereien alle auf einmal hinter sich zu bringen. Weniger Kosten und mehr Aufsehen. Denn man konnte freigebig mit dem Geld umgehen, wenn es nur einmal und nicht dreimal ausgegeben werden musste. Mein Vater und mein Onkel waren beide alt, und wir waren die letzten Kinder, die sie zu verheiraten hatten. Vermutlich wollten sie noch ein letztes Mal in ihrem Leben ein großes Fest miterleben. Angesichts all dieser Erwägungen entschied man sich für eine dreifache Hochzeit, für deren Vorbereitung wie gesagt Monate benötigt wurden.

Es waren nur diese Vorbereitungen, die uns einen Hinweis auf das kommende Ereignis gaben. Ich glaube nicht, dass es für mich mehr bedeutete als die Aussicht auf neue Kleider, Trommelklang, Hochzeitszüge, reichhaltige Mahlzeiten und ein fremdes Mädchen, mit dem man spielen konnte. Die sinnliche Begierde kam später. […]

Damals hätte ich es mir nicht träumen lassen, dass ich meinen Vater einmal dafür heftig kritisieren würde, dass er mich als Kind verheiratet hat. Alles schien an jenem Tag richtig, gut und angenehm. Es gab auch von meiner Seite aus den dringenden Wunsch, verheiratet zu werden. Und da alles, was mein Vater tat, mir damals über jeden Tadel erhaben schien, sind mir diese Dinge frisch im Gedächtnis. Ich kann mir sogar heute noch vor Augen führen, wie wir auf unserem Hochzeitspodest saßen, wie wir die *saptapadi* (ein indisches Hochzeitsritual) vollführten, wie wir, die Neuverheirateten, einander süßen *kansar* in den Mund steckten und wie wir zusammenzuleben begannen. Und, ach, jene erste Nacht! Zwei unschuldige Kinder stürzten sich völlig unwissend in das Meer des Lebens. Die Frau meines Bruders hatte mich sorgfältig darauf vorbereitet, was ich in der ersten Nacht zu tun hatte. Ich weiß nicht, wer meine Frau vorbereitet hat. Ich habe sie nie danach gefragt und werde das auch jetzt nicht tun. Der Leser kann davon ausgehen, dass wir zu nervös waren, um einander ins Gesicht zu sehen. Auf jeden Fall waren wir zu befangen. Wie sollte ich mit ihr reden und was sollte ich sagen? Die Vorbereitung konnte mir da nicht weiterhelfen. Tatsächlich ist in Fällen wie diesem eine Vorbereitung nicht wirklich nötig. Die Eindrücke aus dem vorigen Leben sind so stark, dass jede Vorbereitung überflüssig wird. Wir lernten einander kennen und frei miteinander zu sprechen. Wir waren gleichaltrig. Aber sehr bald schon beanspruchte ich die Rechte eines Ehemannes. (I, 23 ff.)

Von Jugendsünden und Selbstmordplänen

Ein Verwandter und ich hatten mit dem Rauchen begonnen. Nicht dass wir uns eine positive Wirkung davon versprachen oder den Zigarettengeruch besonders angenehm fanden. Wir glaubten einfach nur, dass es Spaß machen würde, Rauchwolken aus dem Mund auszustoßen. Mein Onkel rauchte, und als wir das sahen, meinten wir, ihm nacheifern zu müssen. Aber wir hatten kein Geld. Deshalb begannen wir, die vom Onkel fortgeworfenen Zigarettenkippen aufzusammeln.

Doch oft gab es keine Kippen, ohnehin ließ sich mit ihnen nur wenig Rauch herstellen.

So entwendeten wir Kleingeld aus der Barschaft des Dieners, um indische Zigaretten kaufen zu können. Allerdings wussten wir nicht, wo wir sie aufbewahren sollten. Wir konnten natürlich nicht in Gegenwart der älteren Familienmitglieder rauchen. Mit dem gestohlenen Geld vermochten wir uns ein paar Wochen lang irgendwie zu versorgen. In dieser Zeit hörten wir, dass die Stängel einer bestimmten Pflanze porös waren und wie Zigaretten geraucht werden konnten. Wir verschafften sie uns und rauchten nun auf diese Weise.

Diese Aktivitäten stellten uns aber keineswegs zufrieden. Wir litten immer mehr unter dem Verlangen nach Unabhängigkeit. Uns war es unerträglich, nichts ohne die Erlaubnis der Älteren unternehmen zu können. Schließlich beschlossen wir, aus schierer Empörung Selbstmord zu begehen.

Wie aber sollten wir das anstellen? Woher konnten wir Gift bekommen? Wir hatten gehört, dass Daturasamen ein wirksames Gift seien. So machten wir uns auf, sie im Dschungel zu suchen, und fanden sie auch. Der Abend galt als die glücksträchtige Zeit. Wir gingen zum Kedarji Mandir, füllten die Tempellampe mit Ghi, vollzogen *darshan* und suchten uns einen abgelegenen Winkel. Doch da verließ uns der Mut. Angenommen wir starben nicht auf der Stelle? Und was nützte es uns eigentlich, wenn wir uns umbrachten? Warum sich nicht doch lieber mit der Abhängigkeit abfinden? Trotzdem schluckten wir zwei, drei Samen. Mehr wagten wir nicht. Wir überlebten beide und entschieden, zum Ramji Mandir zu gehen, um uns zu beruhigen und den Gedanken an Selbstmord aufzugeben.

Ich begriff, dass es sehr viel schwerer ist, einen Selbstmord tatsächlich zu begehen, als ihn nur zu planen. Seitdem hat es kaum oder gar keinen Eindruck auf mich gemacht, wenn jemand mit Selbstmord drohte.

Der Einfall, Selbstmord zu begehen, führte am Ende dazu, dass wir beide aufhörten, Kippen zu rauchen und dem Diener Kleingeld für Zigaretten zu stehlen.

(I, 41 f.)

Der missglückte Versuch, ein englischer Gentleman zu werden

Ich wollte mich um geschliffene Manieren bemühen und meinen Vegetarismus dadurch wettmachen, dass ich andere Fertigkeiten erlernte, die einen Mann für die gehobene Gesellschaft qualifizieren. Und deshalb unternahm ich den völlig unmöglichen Versuch, ein englischer Gentleman zu werden.

Meine Anzüge im Stil der Bombay-Mode eigneten sich meiner Ansicht nach nicht für die englische Gesellschaft, weshalb ich mir neue in den Army- und Navy-Stores besorgte. Ich schaffte mir auch einen Zylinder an; er kostete neunzehn Shilling, ein damals extrem hoher Preis. Damit nicht genug, verschwendete ich zehn Pfund für einen Abendanzug aus der Bond Street, dem Londoner Modezentrum. Meinen guten, großzügigen Bruder veranlasste ich, mir eine doppelte Uhrkette aus Gold zu schicken. Da es nicht korrekt war, eine fertig gebundene Krawatte zu tragen, erlernte ich die Kunst, sie mir zu binden. Zu Hause in Indien war ein Spiegel ein Luxus gewesen, den ich nur an den Tagen gebrauchen durfte, an denen ich vom Familienbarbier rasiert wurde. Hier vergeudete ich täglich zehn Minuten vor einem großen Spiegel, um meine Krawatte zu binden und mir einen korrekten Scheitel zu ziehen. Mein Haar war ziemlich widerspenstig, und es erforderte täglich einen regelrechten Kampf mit der Bürste, um es in Form zu bringen. Bei jedem Auf- und Absetzen des Hutes fuhr meine Hand automatisch zum Kopf, um die Haare glatt zu streichen, ganz zu schweigen von der anderen zivilisierten Handbewegung, die man zum gleichen Zweck ausführte, wenn man sich in feiner Gesellschaft befand.

Als ob dies nicht genügt hätte, mich perfekt aussehen zu lassen, richtete ich meine Aufmerksamkeit auf weitere Details, die angeblich unverzichtbar waren, um ein englischer Gentleman zu werden. Man sagte mir, ich müsse Unterricht in Tanz, Französisch und Vortragskunst nehmen. Französisch war nicht nur die Sprache des benachbarten Frankreich, sondern auch die *lingua franca* des Kontinents, den ich gerne bereisen wollte. Ich beschloss, Tanzstunden zu nehmen, und zahlte drei Pfund für einen Kurs. Es waren ungefähr sechs Stunden, verteilt über drei Wochen, die ich absolvierte, aber ich war einfach außerstande, irgendeine rhythmische Bewegung hinzubekommen. Ich konnte dem Klavier nicht folgen und deshalb auch den Takt nicht halten. Was sollte ich also tun? Der Einsiedler in der Fabel schafft sich eine Katze an, um die Mäuse fernzuhalten, dann eine Kuh, um Milch für die Katze zu haben, und schließlich einen Mann, um die Kuh zu hüten, und so weiter. Ähnlich der Entourage des Einsiedlers erweiterte sich auch mein ehrgeiziges Vorhaben. Ich meinte, Geigespielen lernen zu müssen, um mein Verständnis für westliche Musik zu entwickeln. So investierte ich drei Pfund in den Kauf einer Geige und noch etwas mehr in Unterrichtsstunden. Ich suchte mir einen dritten Lehrer, der mir Vortragskunst beibringen sollte, und zahlte ihm eine Guinea als Vorschuss. Als Lehrbuch empfahl er mir Bells *Standard Elocutionist,* das ich mir auch anschaffte. Ich begann mit einer Rede von Pitt.

Doch bei Mr. Bell hörte ich plötzlich alle Glocken läuten und erwachte.

Ich würde nicht ein ganzes Leben in England verbringen, hielt ich mir vor. Was brachten mir Kenntnisse in Vortragskunst ein? Und wie sollten Tanzkünste aus mir einen Gentleman machen? Geigespielen konnte ich auch in Indien lernen. Ich war ein Student und musste mein Studium fortsetzen. Ich sollte die Zulassung zu den *Inns of Court,* den Innungen der Barrister in London, betreiben. Wenn mein Charakter aus mir einen Gentleman machte, umso besser. Wenn nicht, dann musste ich eben auf dieses ehrgeizige Ziel verzichten. (I, 69)

Gandhi als Wäscher und Barbier

Ich hatte zunächst ein Leben voller Bequemlichkeiten und Komfort geführt [als Barrister in Südafrika], doch dieses Experiment dauerte nicht lange. Obwohl ich das Haus mit Sorgfalt eingerichtet hatte, hing mein Herz nicht daran. Kaum hatte ich mich auf dieses Leben eingelassen, fing ich auch schon an, die Ausgaben zu verringern. Die Rechnung des Wäschers war hoch, und da er außerdem nicht pünktlich war, reichten mir meine zwei oder drei Dutzend Hemden und Kragen nicht aus. Der Kragen musste täglich und das Hemd, wenn nicht täglich, so doch mindestens jeden zweiten Tag gewechselt werden. Das bedeutete eine doppelte Ausgabe, die mir unnötig schien. Um sie einzusparen, legte ich mir eine Waschausrüstung zu. Ich kaufte ein Buch über das Waschen, studierte diese Kunst und brachte sie auch meiner Frau bei. Das bedeutete natürlich Mehrarbeit, doch da sie etwas Neues war, machte sie Spaß.

Ich werde nie den ersten Kragen vergessen, den ich selbst wusch. Ich hatte mehr Stärke als nötig verwendet, das Bügeleisen war nicht heiß genug und ich hatte es aus Angst, den Kragen zu versengen, zu wenig aufgedrückt. Das Ergebnis war, dass der Kragen zwar recht steif war, die überflüssige Stärke jedoch ständig abbröckelte. Mit diesem Kragen um den Hals ging ich zum Gericht und machte mich so zum Gespött meiner

Barrister-Kollegen. Doch schon damals konnte ich unempfindlich gegen Spöttelei sein.

»Nun«, sagte ich, »das ist mein erster Versuch im Kragenwaschen, deshalb das Zuviel an Stärke. Die stört mich aber nicht. Außerdem ist es doch erfreulich, dass es Ihnen so viel Heiterkeit verschafft hat.«

[...]

Wie ich mich aus der sklavischen Abhängigkeit vom Wäscher befreite, so entledigte ich mich auch der Abhängigkeit vom Barbier. Jeder, der nach England geht, lernt dort mindestens, wie man sich rasiert, nicht aber – soweit ich weiß – wie man sich die Haare schneidet. Ich musste auch das lernen. Ich ging einmal in Pretoria zu einem englischen Friseur. Er lehnte es voller Verachtung ab, mir die Haare zu schneiden. Natürlich war ich beleidigt, kaufte aber sofort eine Schere und schnitt mir vor dem Spiegel die Haare. Vorne gelang mir das ganz gut, aber hinten verdarb ich alles. Die Freunde im Gericht schüttelten sich vor Lachen.

»Was ist denn mit Ihren Haaren los, Gandhi? Waren da die Ratten dran?«

»Nein. Der weiße Friseur wollte sich nicht dazu herablassen, meine schwarzen Haare zu berühren«, erwiderte ich. »Deshalb habe ich sie mir lieber selbst geschnitten, wie schlecht auch immer.« (I, 237 f.)

Erfahrungen als Reisender der dritten Klasse

Als Dritte-Klasse-Reisender zog ich meistens die gewöhnlichen Züge den Postzügen vor, da ich wusste, dass letztere voller und teurer waren.

Die Abteile der dritten Klasse sind heute praktisch ebenso schmutzig und die sanitären Einrichtungen ebenso schlecht wie damals. Vielleicht gibt es jetzt hie und da einige Verbesserungen, doch die Unterschiede in der Ausstattung der ersten und dritten Klasse stehen in keinem Verhältnis zum Preisunterschied zwischen den beiden Klassen. Dritte-Klasse-Reisende werden wie Schafe behandelt, und der ihnen gebotene Komfort entspricht dem für Schafe. In Europa reiste ich dritter Klasse – und nur einmal erster, bloß um sie kennenzulernen –, aber ich bemerkte dort keinen derartigen Unterschied zwischen der ersten und der dritten Klasse. In Südafrika sind die Reisenden dritter Klasse meist Schwarze, die Einrichtungen in dieser Klasse sind dort jedoch besser als hier [in Indien]. In Südafrika sind in manchen Landesteilen die Dritte-Klasse-Abteile mit Schlafmöglichkeiten und gepolsterten Sitzen ausgestattet. Es wird auch geregelt, wie viele Reisende darin Platz finden können, um eine Überfüllung zu vermeiden, während ich hier feststellte, dass die festgesetzte Höchstzahl gewöhnlich überschritten wird.

Die Gleichgültigkeit der Eisenbahnbehörden gegenüber der Bequemlichkeit von Dritte-Klasse-Reisenden, zusammen mit den unsauberen und gedankenlosen Gewohnheiten der Reisenden selbst machen die Fahrt in der dritten Klasse für einen Menschen, der auf Reinlichkeit hält, zur Qual. Zu den unerfreulichen Gewohnheiten gehören normalerweise: die Entsorgung des Abfalls gleich auf den Abteilboden, das Rauchen zu allen Zeiten und an allen Orten, das Betel- und Tabakkauen, was den ganzen Wagen zu einem Spucknapf macht, Rufen und Schreien, schmutzige Reden, ohne Rücksicht auf die Bedürfnisse oder die Bequemlichkeit der Mitreisenden. (I, 266 f.)

Zeuge des Zulu-»Aufstandes«

Auch als ich glaubte, ich hätte mich nun dauerhaft in Johannesburg niedergelassen, gab es für mich kein beständiges Leben. Gerade als ich meinte, in Ruhe leben zu können, trat ein unerwartetes Ereignis ein. Die Zeitungen brachten die Nachricht vom Ausbruch eines »Aufstandes« der Zulus in Natal. Ich hegte keinerlei Groll gegen die Zulus, sie hatten den Indern nichts getan. Was den »Aufstand« betraf, hatte ich Zweifel. Aber ich glaubte damals noch, dass das britische Empire zum Wohl der Welt bestehe. Ein aufrichtiges Loyalitätsgefühl hinderte mich sogar daran, dem Empire Schlechtes zu wünschen. […]

Da ich enge Verbindungen zu Natal hatte, betrachtete ich mich als Bürger von Natal. So schrieb ich an den Gouverneur und erklärte meine Bereitschaft, wenn nötig ein indisches Ambulanzkorps aufzustellen. In seiner Antwort, die umgehend eintraf, nahm er das Anerbieten an.

[…] Unser Korps leistete etwa sechs Wochen lang aktiven Dienst. Als wir den Schauplatz des »Aufstandes« erreichten, stellte ich fest, dass es dort nichts gab, was die Bezeichnung »Aufstand« gerechtfertigt hätte. Es gab keinen sichtbaren Widerstand. Eine gewisse Unruhe war als Aufstand ausgegeben worden, weil ein Zulu-Häuptling dazu aufgefordert hatte, eine neue, seinem Volk aufgedrückte Steuer nicht zu zahlen, und einen Feldwebel, der die Steuer eintreiben sollte, mit einem Speer getötet hatte. Mein Herz war jedenfalls auf der Seite der Zulus, und ich war froh, als ich bei der Ankunft im Hauptquartier erfuhr, dass wir in erster Linie die verwundeten Zulus versorgen sollten. Der diensthabende Stabsarzt hieß uns willkommen. Er sagte, die Weißen seien nicht bereit, die verwundeten Zulus, deren Wunden eiterten, zu pflegen, und er wisse nicht mehr, was er tun solle. Er begrüßte unsere Ankunft als Gottesgeschenk für diese unschuldigen Menschen, stattete uns mit Verbandszeug, Desinfektionsmittel usw. aus und brachte uns zum improvisierten Lazarett. Die Zulus waren über unser Kommen hocherfreut. Die weißen Soldaten sammelten sich immer wieder am Zaun, der uns von ihnen trennte, und versuchten, uns davon abzubringen, die Wunden zu versorgen. Da wir nicht auf sie achteten, gerieten sie in Wut und beschimpften die Zulus in unsagbarer Weise.

[...] Die unserer Obhut unterstellten Verwundeten waren nicht im Kampf verwundet worden. Ein Teil von ihnen war als Verdächtige gefangen genommen worden. Der General hatte sie zur Auspeitschung verurteilt. Davon hatten sie schwere Wunden davongetragen, und da diese nicht behandelt worden waren, eiterten sie nun. Die anderen waren verbündete Zulus. Obwohl man ihnen Abzeichen gegeben hatte, um sie vom »Feind« unterscheiden zu können, waren sie von den Soldaten irrtümlich angeschossen worden. [...]

Der Zulu-»Aufstand« bot mir viele neue Erfahrungen und reichlich Stoff zum Nachdenken. Der Burenkrieg hatte mir die Gräuel des Krieges nicht annähernd so drastisch vor Augen geführt wie nun dieser »Aufstand«. Das war kein Krieg, sondern eine Menschenjagd. Diese Auffassung teilten auch viele Engländer, mit denen ich ins Gespräch kam. Es war schwer erträglich, allmorgendlich Berichte darüber zu hören, wie die Soldaten eine Salve nach der anderen auf unschuldige Dörfer abgegeben hatten, und dann mit diesen Schützen zusammenzuleben. Doch ich stand es durch, vor allem auch deshalb, weil die Aufgabe unseres Korps ausschließlich in der Pflege verwundeter Zulus bestand. Ohne uns, das war mir ganz deutlich, wären sie unversorgt geblieben. Unsere Tätigkeit beruhigte daher mein Gewissen. (I, 342 ff.)

Verhältnisse in indischen Dörfern (Champaran in den 1910er-Jahren)

Als ich die Verhältnisse in Bihar besser kennengelernt hatte, gelangte ich zu der Überzeugung, dass es unmöglich war, hier auf Dauer etwas zu erreichen, wenn nicht für gute Schulbildung in den Dörfern gesorgt wurde. Die Unwissenheit der Bauern war erschütternd. Sie ließen ihre Kinder entweder müßig herumstreunen oder auf den Indigoplantagen für ein paar Kupfermünzen pro Tag von morgens bis abends schuften. Damals betrug der Lohn eines Arbeiters höchstens zehn Pice, der einer Arbeiterin sechs und der eines Kindes drei. Wer es schaffte, vier Anna am Tag zu verdienen, galt als vom Glück begünstigt.

Im Einvernehmen mit meinen Gefährten beschloss ich, in sechs Dörfern Grundschulen zu eröffnen. Wir stellten den Dorfbewohnern die Bedingung, dass sie den Lehrern Kost und Unterkunft bieten sollten, während wir die anderen Ausgaben übernehmen wollten. Die Dorfleute hatten so gut wie kein Bargeld, konnten aber durchaus Lebensmittel beisteuern. [...]

Aber die große Frage war, woher wir die Lehrer bekommen sollten. Lehrer aus der Gegend selbst, die bereit gewesen wären, für ein schmales Taschengeld oder ganz ohne Entgelt zu arbeiten, waren schwer zu finden. Mir ging es auch darum, die Kinder nicht gewöhnlichen Lehrern anzuvertrauen. Die formale Befähigung der Lehrer war mir weniger wichtig als ihre Charakterstärke.

Daher warb ich in einem öffentlichen Aufruf um freiwillige Lehrkräfte. Er verhallte nicht ungehört. [...] Kasturbai wurde ebenfalls zur Mithilfe herbeigerufen. [...]

Ich erklärte ihnen, es ginge nicht so sehr darum, den Kindern Grammatik, Lesen, Schreiben und Rechnen beizubringen, als vielmehr Sauberkeit und gute Manieren. [...]

Doch ich wollte es nicht bei der Vermittlung von Grundschulwissen belassen. Die Verhältnisse in den Dörfern waren unhygienisch, die Wege schmutzig, die Brunnen von stinkendem Schlamm umgeben und die Höfe der Häuser unerträglich verwahrlost. Es war dringend nötig, die älteren Bewohner zur Sauberkeit zu erziehen. Sie litten alle an irgendwelchen Hautkrankheiten. So beschlossen wir, so viele Hygienemaßnahmen wie möglich zu starten, die jeden Bereich ihres Lebens erfassen sollten.

[…] Hier ist vielleicht der passende Ort, um ein Erlebnis zu berichten, das ich bereits in vielen Versammlungen geschildert habe. Bhitiharva war ein kleines Dorf, in dem eine unserer Schulen lag. Als ich zufällig unweit davon in einen noch kleineren Ort kam, sah ich Frauen, die sehr schmutzige Kleidung trugen. So beauftragte ich meine Frau, sie zu fragen, warum sie ihre Sachen nicht waschen würden. Sie sprach mit ihnen. Eine der Frauen nahm sie mit in ihre Hütte und sagte: »Schauen Sie sich um, hier gibt es weder eine Truhe noch einen Schrank, in dem Kleidung sein könnte. Der Sari, den ich anhabe, ist der einzige, den ich besitze. Wie soll ich ihn waschen? Sagen Sie Mahatmaji, er möchte mir noch einen beschaffen, dann werde ich versprechen, täglich zu baden und saubere Kleidung anzuziehen.«

Diese Hütte war kein Einzelfall, ähnliche Behausungen finden sich in vielen indischen Dörfern. In zahllosen Hütten in Indien leben Menschen ohne irgendein Möbelstück und ohne Kleider zum Wechseln, nur mit einem Fetzen Stoff, um ihre Blöße zu bedecken.

(I, 453 ff.)

Leben auf der Tolstoi-Farm

Die Tolstoi-Farm war ein kooperatives Gemeinwesen, für das Hermann Kallenbach Gandhi und seinen Mitstreitern ab 1910 ein Stück Land in der Nähe von Johannesburg zur Verfügung gestellt hatte.

Auf der Farm wuchsen Orangen, Aprikosen und Pflaumen in solcher Fülle, dass die Satyagrahis sich während der Saison an den Früchten satt essen und noch einen Überschuss ernten konnten.

Die Quelle war ungefähr 500 Yards (460 m) von unseren Quartieren entfernt, und das Wasser musste mithilfe von Tragestangen geholt werden.

Hier sollte es, darauf bestanden wir, keine Diener geben, weder für die Hausarbeit noch, wenn möglich, für die Hof- und Bauarbeiten. Alles, vom Kochen bis zum Kehren, wurde deshalb von uns selbst verrichtet. Was die Unterkunft für die Familien anbetraf, so hatten wir von Anfang an beschlossen, Männer und Frauen getrennt unterzubringen. Die Häuser mussten daher in zwei getrennten und voneinander etwas entfernten Blöcken gebaut werden. Zunächst wurde es als ausreichend erachtet, Unterkunft für zehn Frauen und sechzig Männer zur Verfügung zu stellen. Sodann mussten wir auch noch ein Haus für Mr. Kallenbach errichten und daneben ein Schulhaus sowie eine Schreiner- und Schuhmacherwerkstatt usw.

[...] Das Essen war so einfach wie möglich. Die Zeiten wie auch die Anzahl der Mahlzeiten waren festgelegt. Es gab nur eine Küche, und alle aßen gleichzeitig. Jeder musste sich selbst um das Abwaschen seines Geschirrs kümmern. Die Gemeinschaftstöpfe wurden von verschiedenen Gruppen abwechselnd gereinigt.

[...] In den ersten zwei Monaten, in denen die Gebäude errichtet wurden, lebten wir in Zelten. Die Gebäude bestanden ganz aus Wellblech und waren daher schnell aufgestellt. Bauholz konnte in allen erforderlichen Größen bezogen werden. Wir mussten es nur noch auf Maß schneiden. Es gab nicht viele Türen oder Fenster in den Gebäuden, sodass eine ganze Anzahl davon in kurzer Zeit errichtet werden konnte.

[...] Hin und wieder musste sich jeder wegen der einen oder anderen Besorgung nach Johannesburg begeben. Den Kindern machten solche Ausflüge besonders Spaß. Ich musste meiner Geschäfte wegen gelegentlich auch dorthin. Daher benutzten wir den Zug in der Regel nur bei offiziellen Angelegenheiten unseres kleinen Gemeinwesens und fuhren selbst dann nur dritter Klasse. Wer zum Vergnügen reiste, musste zu Fuß gehen und Proviant mitnehmen. Niemand sollte für Essen in der Stadt etwas ausgeben. Hätte es diese drastischen Regeln nicht gegeben, wäre das durch das

Leben auf dem Land gesparte Geld durch Eisenbahnfahrkarten und Picknicks in der Stadt verschwendet worden. Der mitgeführte Proviant bestand aus selbst gemachtem Brot, das wir aus selbst gemahlenem Mehl gebacken hatten, selbst hergestellter Erdnussbutter und selbst gemachter Marmelade. Wir hatten eine eiserne Handmühle gekauft, mit der der Weizen gemahlen wurde. Für die Erdnussbutter, die viermal billiger war als gewöhnliche Butter, wurden Erdnüsse geröstet und dann gemahlen.

[...] Wie ich bereits bemerkt habe, war es eine Strecke von 21 Meilen hin und 21 Meilen zurück. Wir sparten Hunderte von Rupien allein dadurch, dass wir zu Fuß gingen, was uns allen körperlich guttat. Einige gewöhnten sich erst jetzt ans Gehen. Man musste gewöhnlich um zwei Uhr nachts aufstehen und um halb drei losgehen und erreichte Johannisburg gewöhnlich in sechs oder sieben Stunden. Der Rekord lag bei 4 Stunden und 18 Minuten.

[...] Trotz der großen Zahl von Siedlern war auf der Farm kein Müll und kein Abfall zu finden. Aller Müll wurde in Gräben, die zu diesem Zweck ausgehoben worden waren, versenkt. Es war nicht erlaubt, Abwasser auf die Straße zu schütten. Alles Abwasser wurde in Kübeln gesammelt und zur Bewässerung der Bäume verwendet. Essensreste und Küchenabfälle wurden kompostiert. Eine quadratische Grube wurde nahe beim Haus eineinhalb Fuß tief für den Abfall der

Nacht ausgehoben und ganz mit der ausgegrabenen Erde bedeckt, sodass von ihr kein Geruch ausging. Es gab dort keine Fliegen und niemand würde glauben, der nächtliche Abfall läge dort begraben.

[...] Die anstehende Arbeit verwandelte den Hof in den reinsten Bienenstock. Das Ziel war, Geld zu sparen und die Familien schließlich zu Selbstversorgern zu machen. Nur so konnten wir den Kampf mit der Regierung Transvaals auf unbegrenzte Zeit fortsetzen. (II, 248 ff.)

Menschenrechte

Recht auf Gleichbehandlung

Auf seiner Geschäftsreise durch Südafrika wird Gandhi als Reisender erster Klasse wegen seiner Hautfarbe Opfer von Rassismus.

Der Zug erreichte Maritzburg, die Hauptstadt von Natal, gegen neun Uhr abends. Dort im Bahnhof wurde üblicherweise das Bettzeug ausgegeben. Ein Bediensteter der Bahn kam und fragte mich, ob ich welches wollte. »Nein«, sagte ich, »ich habe eigenes dabei.« Er entfernte sich. Doch dann kam ein Passagier, musterte mich von Kopf bis Fuß und stellte fest, dass ich ein »Farbiger« war. Das störte ihn. Er ging wieder hinaus und kam mit ein oder zwei Beamten zurück.

Alle schwiegen, bis ein weiterer Beamter mit den Worten auf mich zutrat: »Kommen Sie mit! Sie müssen den Gepäckwagen nehmen.«

»Aber ich habe eine Fahrkarte erster Klasse«, entgegnete ich.

»Das ist egal«, entgegnete er. »Ich sage Ihnen, Sie müssen den Gepäckwagen nehmen.«

»Und ich sage Ihnen, dass mir in Durban erlaubt

wurde, in diesem Abteil zu reisen; ich bestehe darauf, auch weiterhin darin zu bleiben.«

»Nein, das werden Sie nicht«, sagte der Beamte. »Sie werden dieses Abteil verlassen. Andernfalls muss ich einen Polizisten rufen, der Sie hinausbefördert.«

»Tun Sie das. Ich weigere mich, freiwillig zu gehen.«

Der Polizist kam, ergriff meine Hand und zerrte mich hinaus. Mein Gepäck wurde ebenfalls hinausbefördert. Ich weigerte mich, in den anderen Wagen zu steigen, und so fuhr der Zug dampfend davon. Ich begab mich in den Warteraum und setzte mich. Mein Handgepäck hatte ich bei mir, das andere Gepäck jedoch dort gelassen, wo es war. Die Bahnbeamten hatten es an sich genommen. Es war Winter, und der Winter in den höheren Regionen Südafrikas ist empfindlich kalt. Da Maritzburg sehr hoch liegt, herrschte bittere Kälte. Mein Mantel befand sich in meinem Gepäck. Weil ich jedoch fürchtete, erneut beleidigt zu werden, wagte ich nicht, es zu verlangen. […]

Ich begann darüber nachzudenken, wo meine Pflicht lag. Sollte ich für mein Recht kämpfen oder zurück nach Indien fahren, oder sollte ich nach Pretoria weiterfahren, ohne die Beleidigungen zu beachten, und erst nach Erledigung des Falls nach Indien zurückkehren? Es wäre feige, nach Indien zurückzueilen, ohne meine Verpflichtung erfüllt zu haben. Was ich hier erlitt, war nur etwas Äußerliches, nur ein Anzeichen für das tief sitzende Übel des Rassenvorurteils. Ich sollte nach Möglichkeit versuchen, dieses Übel auszurotten und die Widrigkeiten, denen ich dabei ausgesetzt sein würde, zu ertragen. Wiedergutmachung für Unrecht dürfte ich nur dann anstreben, wenn es für die Beseitigung des Rassenvorurteils nötig sein würde.

So entschloss ich mich, den nächsten Zug nach Pretoria zu nehmen.

Wahlrecht

Als den Indern in Natal das Recht entzogen werden soll, Parlamentsmitglieder zu wählen, sie also ihr Wahlrecht verlieren sollen, startet Gandhi eine Kampagne gegen die Gesetzesvorlage.

Eine Gruppe von freiwilligen Mitarbeitern wurde gebildet. Zu diesem Treffen wurden in Natal geborene Inder, das heißt zumeist christliche junge Männer, eingeladen. (...) Natürlich meldeten sich auch viele der örtlichen Händler. (...) Aus der Gruppe der Angestellten kamen die Herren (...). Sie waren alle angenehm überrascht, sich in eine öffentliche Aktion einbezogen zu sehen. Zur Mitarbeit an einer solchen Sache aufgefordert zu werden war eine neue Erfahrung in ihrem Leben. Angesichts des Unheils, das der Gemeinschaft drohte, galten keine Unterschiede mehr. Es gab nicht Hoch oder Niedrig, Klein oder Groß, Herr oder Diener, die Aufsplitterungen in Hindus, Muslime, Parsen, Christen, Gujaratis, Madrasis, Sindhis waren vergessen. Alle waren gleichermaßen Kinder und Diener des Mutterlandes.

Die Gesetzesvorlage hatte bereits die zweite Lesung passiert oder stand zumindest kurz davor. In der Debatte hatte man die Tatsache, dass die Inder keinen Einspruch gegen die drastische Vorlage erhoben hatten, als Beweis dafür angeführt, dass sie für das Wahlrecht nicht reif seien. [...]

Damals war Lord Ripon Kolonialminister. Es wurde beschlossen, ihm eine Massenpetition zu schicken. Das war ein aufwendiges Projekt, das nicht in einem Tag zu erledigen war. Wieder kamen freiwillige Helfer zusammen, die allesamt wichtige Aufgaben übernahmen.

Bei der Abfassung dieser Petition gab ich mir größte Mühe. Ich las die gesamte Literatur, die ich zu diesem Thema auftreiben konnte. Meine Argumentation ging von einem Prinzip und einer praktischen Überlegung aus. Ich argumentierte, dass wir Anspruch auf das Wahlrecht in Natal hätten, weil wir in Indien eine Art Wahlrecht besäßen. Ich wies darauf hin, dass seine Beibehaltung keine Probleme aufwerfe, da die indische Bevölkerung, die fähig sei, davon Gebrauch zu machen, sehr klein sei.

Innerhalb von zwei Wochen kamen zehntausend Unterschriften zusammen. (I, 162 f.)

Gleichheit aller Menschen

Durch das Zusammenspiel vielfältiger Ereignisse in meinem Leben kam ich mit Menschen vieler Glaubensrichtungen und Gemeinschaften in engen Kontakt, und nach meinen Erfahrungen mit all diesen Menschen darf ich wohl sagen, dass ich nie zwischen Verwandten und Fremden, Landsleuten und Ausländern, Weißen und Farbigen, Hindus und Indern anderen Glaubens – seien sie Muslime, Parsen, Christen oder Juden – unterschieden habe. Mir war es, so möchte ich behaupten, unmöglich, derartige Unterschiede zu machen. Ich kann das nicht als besondere Tugend ausgeben, da es Teil meiner Natur und nicht das Ergebnis spezieller Bemühungen ist, wohingegen ich mir im Fall von *Ahimsa* (Gewaltfreiheit), *Brahmacharya* (Enthaltsamkeit), *aparigraha* (Besitzlosigkeit) und anderer Kardinaltugenden vollauf im Klaren bin, dass ich an ihrer Verwirklichung ständig arbeiten muss. (I, 304)

Recht auf Gleichbehandlung für Unberührbare

[Mit der Unberührbarkeit konnte ich mich nie abfinden.] Ich habe sie immer als einen Auswuchs betrachtet. Es ist wahr, dass sie uns von vielen Generationen überliefert worden ist, aber das ist bis heute so mit vielen üblen Praktiken. [...] Mir scheint, dass diejenigen, die fortfuhren, Rindfleisch zu essen, als der Schutz der Kuh ein Glaubensartikel bei unseren Vorfahren wurde, exkommuniziert wurden. Der Streit unter den Menschen muss heftig gewesen sein. Nicht nur wurde über die Unbußfertigen ein sozialer Boykott verhängt, sondern ihre Sünden wurden auch an ihren Kindern gerächt. Die Praxis, die vermutlich guten Absichten entsprang, verhärtete sich zu einem Brauch. In unsere heiligen Bücher schlichen sich Verse ein, die dieser Praxis eine Endgültigkeit gaben, die ganz unverdient und noch weniger gerechtfertigt ist. Ob meine Theorie nun richtig ist oder nicht – Unberührbarkeit ist gegen die Vernunft und gegen den Instinkt für Mitgefühl, Mitleid oder Liebe. Eine Religion, die die Verehrung der Kuh einführt, kann unmöglich einen grausamen und unmenschlichen Boykott von Menschen wünschen oder rechtfertigen. Ich möchte mich lieber in Stücke reißen lassen, als die unterdrückten Klassen zu verleugnen. Die Hindus werden die Freiheit nie erlangen und auch nicht verdienen, wenn sie es zulassen, dass ihre edle Religion durch die Beibehaltung des Makels der Unberührbarkeit entehrt wird. Und weil ich den Hinduismus mehr liebe als mein eigenes Leben, ist dieser Makel für mich zu einer untragbaren Belastung geworden. Lasst uns nicht Gott verleugnen, indem wir einem Fünftel unserer Bevölkerung das Recht auf Gleichbehandlung verweigern. (IV, 148 f.)

Recht auf Arbeit

Im vergangenen März rang ich mit Lord Irwin um das Recht, Alkohol und ausländisches Tuch zu boykottieren. Er schlug vor, dass ich als eine Geste des guten Willens den Boykott für drei Monate aussetzen und ihn dann wiederaufnehmen sollte. Ich sagte ihm, ich könne ihn nicht einmal für drei Minuten aussetzen. Ihr habt drei Millionen Arbeitslose, aber wir haben nahezu dreihundert Millionen Arbeitslose während der einen Hälfte des Jahres … […] Ich glaube, es ist für einen Menschen erniedrigend, untätig zu bleiben und von Arbeitslosenunterstützung zu leben. Solange ich einen Streik leitete, duldete ich nicht, dass die Arbeiter auch nur einen Tag untätig blieben, und ließ sie beim Straßenbau Steine klopfen oder Sand transportieren. Auch forderte ich meine Mitarbeiter auf, sich ihnen bei dieser Arbeit anzuschließen. Stellt euch deshalb vor, welch ein Unglück es sein muss, 300 Millionen Arbeitslose zu haben und mehrere Millionen, die täglich aus Mangel an Arbeit erniedrigt werden, ohne Selbstachtung, ohne Glauben an Gott. Ich wage es nicht, ihnen die Botschaft von Gott vorzutragen. Ich könnte ebenso gut dem Hund dort drüben die Botschaft von Gott vortragen wie jenen hungrigen Millionen, die keinen Glanz in ihren Augen haben und deren einziger Gott ihr Brot ist. Ich kann ihnen eine Botschaft von Gott nur bringen, indem ich ihnen die Botschaft von der heiligen Arbeit bringe. Es ist schön, über Gott zu reden, während wir hier sitzen nach einem angenehmen Frühstück und in Erwartung eines noch angenehmeren Mittagessens, doch wie soll ich den Millionen, die mit nur einer Mahlzeit am Tag auskommen müssen, von Gott sprechen? Ihnen kann Gott nur als Brot und Butter erscheinen. Nun, die Bauern Indiens erhielten ihr Brot von ihrem Acker. Ich bot ihnen das Spinnrad an, damit sie auch Butter bekommen, und wenn ich heute in der britischen Öffentlichkeit in meinem Leinentuch erscheine, dann weil ich als der einzige Vertreter jener halbverhungerten, halb nackten stummen Millionen komme. (IV, 398 f.)

(Welt)frieden und Freiheit

Teilnahme am Krieg

Gandhi bietet sich an, für England am 1. Weltkrieg als Sanitäter teilzunehmen, und sieht sich gezwungen, dieses Angebot zu rechtfertigen.

Wir alle sahen Krieg als etwas Unmoralisches an. Wenn ich nicht einmal dazu bereit war, meine Angreifer zu verfolgen, sollte ich erst recht gegen die Beteiligung an einem Krieg sein, besonders wenn ich nichts über die Rechtmäßigkeit oder Unrechtmäßigkeit der Sache, um die es den Kriegführenden ging, wusste. [...]

Es war mir vollkommen klar, dass eine Teilnahme am Krieg nicht mit Ahimsa zu vereinbaren war. Aber es ist einem nicht immer vergönnt, ein ebenso klares Verständnis von seiner Pflicht zu haben. Jemand, der nach Wahrheit sucht, ist oft genötigt, sich im Dunkeln voranzutasten.

Ahimsa ist ein umfassendes Prinzip. Wir sind hilflose Sterbliche, von der Feuersbrunst der Himsa umgeben. In dem Ausspruch, dass Leben von Leben lebt, steckt ein tiefer Sinn. Der Mensch kann keinen Augenblick leben, ohne äußerlich – bewusst oder unbewusst – Himsa zu begehen. Die bloße Tatsache, dass er lebt –

isst, trinkt und sich bewegt –, bewirkt notwendig ein gewisses Maß an Himsa, Zerstörung von Leben, mag sie auch ganz gering sein. Ein Ahimsa-Verfechter bleibt daher seinem Glauben treu, wenn der Ursprung all seines Tuns Mitleid ist, wenn er die Zerstörung auch des kleinsten Lebewesens nach besten Kräften vermeidet, es zu retten versucht und so unablässig danach trachtet, sich aus der tödlichen Verstrickung in Himsa zu befreien. Auch wenn Selbstdisziplin und Mitleid beständig zunehmen, kann er sich doch nie vollständig von äußerlicher Himsa befreien.

Weil wiederum Ahimsa die Einheit allen Lebens zugrunde liegt, muss der Fehler eines Einzelnen alle beeinflussen, und daher kann ein Mensch nicht völlig frei von Himsa sein. Solange er ein soziales Wesen ist, muss er zwangsläufig an Himsa, die bereits durch die Existenz von Gesellschaft gegeben ist, teilhaben. Wenn zwei Nationen miteinander kämpfen, besteht die Pflicht des Ahimsa-Verfechters darin, dem Krieg ein Ende zu machen. Wer dieser Pflicht nicht gewachsen ist, wer nicht die Kraft hat, dem Krieg Widerstand zu leisten, wer nicht befähigt ist, dem Krieg zu widerstehen, mag am Krieg teilnehmen und dennoch aufrichtig versuchen, sich selbst, seine Nation und die Welt vom Krieg zu befreien.

Ich hatte gehofft, meine Stellung und die meines Volkes durch das britische Empire zu verbessern. Solange ich in England war, genoss ich den Schutz der britischen Flotte, und indem ich mich unter die Obhut ihrer bewaffneten Macht begab, beteiligte ich mich direkt an ihrer potenziellen Gewaltausübung. Wenn ich meine Verbindung mit dem Empire aufrechterhalten und unter seinem Banner leben wollte, hatte ich drei Möglichkeiten: Ich konnte mich offen gegen den Krieg wenden und das Empire gemäß den Satyagraha-Prinzipien boykottieren, bis es seine kriegerische Politik änderte; oder ich konnte zivilen Ungehorsam gegen jene Gesetze üben, die sich für Zuwiderhandlungen eigneten, und mich damit ins Gefängnis bringen; oder ich konnte aufseiten des Empire am Krieg teilnehmen und dadurch die Fähigkeit und Eignung erlangen, Widerstand gegen die Gewalt des Krieges zu leisten. Diese Fähigkeit und Eignung fehlten mir, deshalb meinte ich, es bleibe mir nichts anderes übrig, als im Krieg Dienst zu tun.

Vom Standpunkt der Ahimsa aus unterscheide ich nicht zwischen Kombattanten und Nichtkombattanten. Wer freiwillig für eine Schar von Banditen arbeitet, etwa als Bote oder Wächter oder auch als Pfleger, wenn sie verwundet sind, macht sich ebenso wie sie des Banditentums schuldig. Ebenso wenig können Personen, die sich auf die Versorgung der in der Schlacht Verwundeten beschränken, von der Schuld freigesprochen werden, sich am Krieg beteiligt zu haben.

Ich hatte all dies so für mich erwogen, bevor ich Polaks Telegramm erhielt, und gleich nach dessen

Empfang erörterte ich diese Punkte mit verschiedenen Freunden und gelangte zu dem Schluss, dass es meine Pflicht sei, meine Dienste im Krieg anzubieten.

(I, 379-381)

Mein Verhalten lässt sich, sofern es ausschließlich mit der Waage der Ahimsa gewogen wird, nicht verteidigen. Ich unterscheide nicht zwischen denen, die Vernichtungswaffen gebrauchen, und denen, die Rotkreuz-Arbeit verrichten. Beide nehmen am Krieg teil und fördern ihn. Beide sind des Verbrechens der Kriegsbeteiligung schuldig. Doch auch nach langer Selbstbeobachtung während all dieser Jahre spüre ich, dass ich unter den damals gegebenen Umständen verpflichtet war, während des Burenkriegs und im Großen Europäischen Krieg und eigentlich auch beim sogenannten Zulu-»Aufstand« in Natal im Jahre 1906 den Kurs zu nehmen, den ich einschlug. (IV, 357)

Militärdienst verweigern

Den Militärdienst zu verweigern, wenn man einberufen wird, heißt erst dann etwas zu tun, wenn praktisch die ganze Zeit vergeudet wurde, in der das Übel hätte bekämpft werden können. Die Krankheit sitzt tiefer.

Ich behaupte, dass jene, die nicht für den Militärdienst registriert sind, sich gleichfalls am Verbrechen beteiligen. Wer daher einen so organisierten Staat unterstützt, beteiligt sich direkt oder indirekt an der Sünde. Das ist überaus gefährlich. Als ich erkannte, dass jedermann, ob alt oder jung, an der Sünde teilhat (indem er zum Unterhalt des Staates Steuern zahlt), sagte ich mir, solange ich Brot aß, das von der Marine zur Verfügung gestellt wurde, und alles tat, außer Soldat zu sein, wäre es für mich das Beste, ins Heer einzutreten und auf mich schießen zu lassen; andernfalls müsste ich mich in die Berge zurückziehen und das essen, was mir die Natur lieferte. Daher können alle, die den Militärdienst abschaffen wollen, dies tun, indem sie jede Zusammenarbeit ablehnen. Militärdienstverweigerung ist weit oberflächlicher als die Nichtzusammenarbeit mit dem ganzen System, das den Staat trägt. (IV, 363)

Wahre Demokratie

Der Congress [gemeint ist der gesamtindische Congress] hat keine Sanktion außer einer moralischen, um seine Entscheidungen durchzusetzen. Er glaubt, dass wahre Demokratie nur das Ergebnis von Gewaltfreiheit sein kann. Eine Weltföderation kann nur auf dem

Fundament der Gewaltfreiheit errichtet werden und der Gewalt muss in der Weltpolitik gänzlich abgeschworen werden.

[…] Der Congress glaubt nicht an die Vorherrschaft einer Gruppe oder Gemeinschaft. Er glaubt an eine Demokratie, in der Muslime, Hindus, Christen, Parsen und Juden den gleichen Rang einnehmen – alle Religionsgemeinschaften, die dieses weite Land bewohnen. (IV, 68 ff.)

Botschaft der Liebe und der Wahrheit aus dem Osten (1947)

Der erste dieser weisen Männer war Zoroaster. Er gehörte zum Osten. Ihm folgte Buddha. Wer folgte Buddha? Jesus, auch er kam aus dem Osten. Vor Jesus gab es Moses, der zu Palästina gehörte, obwohl er in Ägypten geboren wurde. Nach Jesus kam Mohammed. Ich verzichte auf den Hinweis auf Krishna, Rama und andere Größen. Für mich sind es keine geringeren Größen, aber sie sind der literarischen Welt weniger bekannt. Trotzdem kenne ich nicht eine einzige Person auf der Welt, die sich mit diesen Männern Asiens messen kann. Und was geschah dann? Als das Christentum nach Westen kam, wurde es entstellt. Es tut mir leid, dass ich das sagen muss. Ich möchte darauf nicht weiter eingehen. […]

Ich möchte, dass ihr die Botschaft Asiens versteht. Sie kann nicht durch die westliche Brille gesehen werden oder durch die Nachahmung der Atombombe. Wenn ihr dem Westen eine Botschaft bringen wollt, so muss es die Botschaft der Liebe und der Wahrheit sein. Ich möchte, dass ihr von hier weggeht mit dem Gedanken, dass Asien den Westen durch Liebe und Wahrheit erobern muss. Ich möchte nicht bloß an euren Verstand appellieren, ich möchte euer Herz gewinnen.

Selbstverständlich glaube ich an die »eine Welt«. Wie könnte ich auch anders, da ich die Botschaft der Liebe, die diese großen, unbesiegbaren Lehrer uns hinterlassen haben, geerbt habe? In diesem Zeitalter der Demokratie, in diesem Zeitalter des Erwachens der Ärmsten der Armen könnt ihr diese Botschaft mit dem größten Nachdruck erneuern. Ihr werdet die Eroberung des Westens vollenden, nicht durch Vergeltung dafür, dass ihr ausgebeutet worden seid, sondern mit wirklichem Verständnis. Ich vertraue darauf, wenn ihr alle eure Herzen vereinigt – nicht bloß eure Köpfe –, um das Geheimnis der Botschaft zu verstehen, die diese weisen Männer des Ostens uns hinterlassen haben, und wenn wir uns dieser großen Botschaft wahrhaft würdig erweisen, wird die Eroberung des Westens vollendet sein. Selbst der Westen wird diese Eroberung lieben. (IV, 89 f.)

Europa und der Mammon (1920)

Es ist meine feste Überzeugung, dass das heutige Europa nicht den Geist Gottes oder des Christentums verkörpert, sondern den Geist Satans. Und Satan ist dort am erfolgreichsten, wo er mit dem Namen Gottes auf den Lippen erscheint. Europa ist heute nur dem Namen nach christlich. In Wirklichkeit betet es den Mammon an. »Es ist leichter, dass ein Kamel durch ein Nadelöhr geht, denn dass ein Reicher ins Reich Gottes kommt.« Das sind in Wirklichkeit die Worte Jesu Christi. Seine sogenannten Anhänger bemessen ihren moralischen Fortschritt nach ihrem materiellen Besitz. [...] In seinem letzten Buch äußerte Dr. Wallace die entschiedene Überzeugung, dass der viel gepriesene Fortschritt der Wissenschaften der moralischen Gestalt Europas nicht einen Zoll hinzugefügt habe. Der letzte Krieg hat dagegen mehr als alles andere die satanische Natur der Zivilisation zutage gefördert, die Europa heute beherrscht. Jede Regel der öffentlichen Moral ist von den Siegern im Namen der Tugend gebrochen worden. Keine Lüge war zu schlecht, um geäußert zu werden. Der Beweggrund dieser Verbrechen ist nicht etwa religiöser oder geistiger Art, er ist grob materiell. (IV, 161)

Gesetz der Familie

Die Lehre des Satyagraha ist nicht neu; sie erweitert lediglich die Regeln des häuslichen Lebens auf das politische Leben. Familiäre Konflikte und Streitigkeiten werden gewöhnlich im Einklang mit dem Gesetz der Liebe bereinigt. Das gekränkte Mitglied der Familie bringt den anderen Familienmitgliedern so viel Achtung entgegen, dass es ein Unrecht lieber ohne Vergeltung erleidet und ohne denen zu zürnen, die eine andere Meinung vertreten. […] Auf diese Weise trägt es dazu bei, ein Maximum an Frieden für sich selbst zu erreichen, ohne den der anderen zu stören. So ist sein Handeln, egal ob es Widerstand leistet oder nachgibt, stets darauf berechnet, das gemeinsame Wohl der Familie zu fördern. Es ist dieses Gesetz der Liebe, das, still, aber stetig, die Familie im größten Teil der zivilisierten Welt beherrscht.

Ich habe das Gefühl, dass Völker weder wirklich einig sein können noch ihre Aktivitäten zum gemeinsamen Wohl der ganzen Menschheit beitragen, solange das Gesetz der Familie in den nationalen und internationalen Angelegenheiten – anders ausgedrückt, auf der politischen Ebene – nicht klar erkannt und angenommen wurde. Völker können nur in dem Maße zivilisiert genannt werden, wie sie diesem Gesetz gehorchen. (IV, 186 f.)

Die jüdische Frage (1938)

Ich habe mehrere Briefe erhalten, in denen ich gebeten werde, meine Ansichten über die arabisch-jüdische Frage in Palästina und die Verfolgung der Juden in Deutschland darzulegen. Nur zögernd wage ich es, meine Ansichten zu dieser sehr schwierigen Frage vorzubringen.

Meine Sympathien gehören ganz den Juden. Ich habe sie in Südafrika näher kennengelernt. Einige von ihnen wurden lebenslange Freunde von mir. Durch diese Freunde erfuhr ich viel über ihre jahrhundertelange Verfolgung. Sie waren die Unberührbaren der Christenheit. Die Parallele zwischen ihrer Behandlung durch die Christen und der Behandlung der Unberührbaren durch die Hindus liegt sehr nahe. In beiden Fällen hat man sich zur Rechtfertigung der unmenschlichen Behandlung, die man ihnen zuteilwerden ließ, darauf berufen, dass sie von der Religion gutgeheißen würde. [...]

Aber meine Sympathie macht mich nicht blind gegenüber den Erfordernissen der Gerechtigkeit. Der Ruf nach einer nationalen Heimstätte für die Juden spricht mich nicht sehr an. Seine Rechtfertigung sucht man in der Bibel und in der Beharrlichkeit, mit der die Juden sich nach der Rückkehr nach Palästina sehnten. Warum sollten sie nicht, wie andere Völker der Erde, das Land zu ihrer Heimat machen, in dem sie geboren sind und ihren Lebensunterhalt verdienen?

Palästina gehört den Arabern im gleichen Sinn wie England den Engländern oder Frankreich den Franzosen. Es ist falsch und unmenschlich, die Juden den Arabern aufzudrängen. Was heute in Palästina vorgeht, lässt sich durch keinen moralischen Verhaltenskodex rechtfertigen. Die Mandate haben keine andere Sanktion als den letzten Krieg. Sicherlich wäre es ein Verbrechen gegen die Menschlichkeit, die stolzen Araber zu enteignen, sodass Palästina den Juden teilweise oder ganz als ihre nationale Heimstätte wiedergegeben werden könnte.

Es wäre bei Weitem besser, auf einer gerechten Behandlung der Juden zu bestehen, wo immer sie geboren wurden und aufgewachsen sind. Die Juden, die in Frankreich geboren sind, sind in genau demselben Sinne Franzosen wie die Christen, die in Frankreich geboren sind. [...]

Das Palästina der biblischen Konstellation ist kein geografisches Gebiet. Es liegt in ihrem Herzen. Aber wenn sie schon das geografische Palästina als ihre nationale Heimstätte ansehen müssen, so ist es falsch, es unter dem Schatten des britischen Gewehres zu betreten. Eine religiöse Tat kann nicht mit der Hilfe des Bajonetts oder der Bombe ausgeführt werden. Sie können sich in Palästina nur mit dem Wohlwollen der Araber niederlassen. Sie sollten versuchen, die Herzen der Araber zu bekehren. Derselbe Gott, der die Herzen der Juden regiert, regiert auch die Herzen der Araber. Sie können Satyagraha im Angesicht der Araber leisten und sich selbst anbieten, erschossen oder ins Tote Meer geworfen zu werden, ohne einen kleinen Finger gegen sie zu erheben. Sie werden die öffentliche Meinung der Welt bei ihren religiösen Bestrebungen auf ihrer Seite finden. Es gibt Hunderte von Möglichkeiten, mit den Arabern vernünftig zu verhandeln, wenn sie nur auf die Hilfe des britischen Bajonetts verzichteten. So, wie es jetzt ist, sind sie Teilhaber der Briten bei der Ausplünderung eines Volkes, das ihnen nichts Böses getan hat.

Ich verteidige nicht die arabischen Ausschreitungen. Ich wünschte, sie hätten den Weg der Gewaltfreiheit gewählt in ihrem Widerstand gegen das, was sie berechtigterweise als einen nicht zu rechtfertigenden Übergriff auf ihr Land erachten. Aber gemäß dem anerkannten Verhaltenskodex von Recht und Unrecht kann angesichts überwältigender Widrigkeiten nichts gegen den arabischen Widerstand eingewandt werden. (IV, 315 f.)

Reaktion auf die Atombombe (1)

Es haben katastrophale Veränderungen in der Welt stattgefunden. Halte ich noch immer an meinem Glauben an Wahrheit und Gewaltfreiheit fest? Hat nicht die Atombombe diesen Glauben in die Luft gesprengt? – Sie hat das nicht nur nicht getan, sondern sie hat mir eindeutig bewiesen, dass die Zwillinge Wahrheit und Gewaltfreiheit die mächtigste Kraft auf der Welt bilden. Gegen diese Kraft richtet die Bombe nichts aus. Diese beiden einander entgegengesetzten Kräfte sind in ihrer Art gänzlich verschieden, die eine ist moralisch und spirituell, die andere physisch und materiell. Die eine ist der anderen unendlich überlegen, da diese durch sich selbst begrenzt ist. Die Kraft des Geistes ist stets fortschreitend und unbegrenzt. Ihre volle Entfaltung macht sie in der Welt unbesiegbar. (IV, 334)

Reaktion auf die Atombombe (2)

Amerikanische Freunde meinten, die Atombombe werde wie nichts anderes Ahimsa möglich machen. Das stimmt, wenn damit gemeint ist, dass ihre Zerstörungskraft die Welt so anwidert, dass sie sich einstweilen von der Gewalt abwendet. Aber so wie ein Mensch, der sich mit Leckereien vollgestopft hat bis zur Übelkeit, sich von ihnen abwendet, nur um sich, sobald die Übelkeit gewichen ist, mit doppelter Gier wieder darauf zu stürzen, so wird die Welt sich mit neuem Eifer in die Gewalt stürzen, wenn der Ekel nachgelassen hat.

Oft entsteht Gutes aus Bösem. Aber das ist Gottes Planung, nicht die des Menschen. Der Mensch weiß, dass nur Böses aus dem Bösen kommen kann und Gutes nur aus dem Guten. [...]

Nach meiner Ansicht hat die Atombombe das edelste Gefühl abgestumpft, das die Menschheit über Jahrtausende aufrechthielt. Es gab das sogenannte Kriegsrecht, das den Krieg erträglich machen sollte. Jetzt kennen wir die nackte Wahrheit. Der Krieg kennt nur ein Recht, das Recht des Stärkeren. Die Atombombe verhalf den Alliierten zu einem Scheinsieg, doch das vorläufige Ergebnis war die Vernichtung der Seele Japans. Was sie der Seele der Siegernation antat, lässt sich jetzt noch nicht absehen. Die Naturkräfte wirken auf geheimnisvolle Weise. [...] Wohlgemerkt, nichts liegt mir ferner, als die Missetaten zu entschuldigen, die Japan in Verfolgung seiner unwürdigen Ambitionen beging. Der Unterschied war nur graduell. Ich gehe davon aus, dass Japans Ambitionen die unwürdigeren waren. Doch die größte Unwürdigkeit gab den weniger Unwürdigen noch kein Recht, gnadenlos japanische Männer, Frauen und Kinder in einem bestimmten Zielgebiet zu töten.

Die Lehre, die mit Fug und Recht aus der furchtbaren Tragödie der Bombe gezogen werden kann, lautet: Bomben können niemals durch gegnerische Bomben unschädlich gemacht werden, so wenig wie Gewalt durch Gegengewalt. Die Menschheit muss sich ausschließlich durch Gewaltfreiheit von der Gewalt befreien. Hass kann nur durch Liebe überwunden werden. Unversöhnlichkeit vergrößert und vertieft nur den Hass. (IV, 335 f.)

Freiwillige Selbstbescheidung

Wovon wollen die Massen befreit werden? Es genügt nicht, mit einer vagen Verallgemeinerung zu antworten: »von Ausbeutung und Erniedrigung«. Ist nicht die Antwort die, dass sie die Stellung erlangen wollen, die heutzutage das Kapital innehat? Wenn ja, so kann das nur durch Gewalt geschehen. Wenn sie aber die Übel des Kapitals vermeiden wollen, mit anderen Worten, wenn sie den Standpunkt des Kapitals revidieren wollen, dann müssen sie nach einer gerechteren Verteilung der Arbeitserträge trachten. Das führt uns unmittelbar zur freiwillig angenommenen Selbstbescheidung und Einfachheit. Unter diesem neuen Gesichtspunkt wird das Lebensziel nicht darin bestehen, die materiellen Ansprüche zu vervielfältigen, sondern darin, diese Ansprüche so weit zu beschränken, wie es mit einem auskömmlichen Dasein verträglich ist. Wir müssen den Gedanken aufgeben, so viel zu erraffen, wie wir nur können; vielmehr müssen wir es ablehnen, etwas zu bekommen, was nicht jedermann erlangen kann. Mir scheint, es sollte nicht schwer sein, erfolgreich in wirtschaftlichen Begriffen an die Massen Europas zu appellieren; und wenn ein solches Experiment einigermaßen Erfolg hat, müsste es unabsehbaren und ungeahnten spirituellen Gewinn bringen. (IV, 340 f.)

Eigenschaften eines Demokraten

Ein geborener Demokrat ist ein geborener Erzieher. Demokratie kommt demjenigen auf natürliche Weise zu, der normalerweise daran gewöhnt ist, allen Gesetzen, ob menschlich oder göttlich, willigen Gehorsam zu leisten. Ich nehme für mich in Anspruch, durch Instinkt wie durch Übung ein Demokrat zu sein. Diejenigen, die den Ehrgeiz haben, der Demokratie zu dienen, sollten sich zuerst dadurch qualifizieren, dass sie diesen Säuretest der Demokratie bestehen. Ein Demokrat sollte zudem äußerst selbstlos sein. Er darf nicht in Begriffen der Selbstsucht oder der Partei denken und träumen, sondern nur in denen der Demokratie. Nur dann erwirbt er das Recht auf zivilen Ungehorsam. Ich verlange von niemandem, dass er seine Überzeugungen aufgibt oder sich selbst unterdrückt. Ich glaube auch nicht, dass eine vernünftige und ehrliche Meinungsverschiedenheit unserer Sache schadet, doch Opportunismus, Verstellung oder zusammengeflickte Kompromisse tun es mit Sicherheit. Wenn ihr eine abweichende Meinung äußern müsst, solltet ihr sorgfältig darauf achten, dass eure Ansichten eure innersten Überzeugungen wiedergeben und nicht bloß auf ein Parteigeschrei hinauslaufen. (IV, 346)

Friedliches Zusammenleben von Arm und Reich

Ich bekämpfe nicht das Kapital. Ich bekämpfe den Kapitalismus. Der Westen lehrt einen, die Konzentration des Kapitals zu vermeiden, um einen Krieg der Rassen in einer anderen und tödlicheren Form zu vermeiden. Kapital und Arbeit müssen sich nicht feindlich gegenüberstehen. Ich kann mir keine Zeit vorstellen, in der es keinen Menschen gibt, der reicher ist als die anderen. Ich kann mir aber eine Zeit vorstellen, in der die Reichen es von sich weisen, sich auf Kosten der Armen zu bereichern, und die Armen aufhören, die Reichen zu beneiden. Selbst in einer vollkommenen Welt werden wir es nicht schaffen, Ungleichheiten ganz zu vermeiden, aber wir können und müssen Streit und Bitterkeit vermeiden. Es gibt zahlreiche Beispiele für das vollkommen harmonische Zusammenleben von Reichen und Armen. Wir müssen solche Beispiele nur vermehren. (IV, 390)

Zukunftsvision

Die Welt von morgen wird, nein muss eine auf Gewaltfreiheit gegründete Gesellschaft sein. Das ist das erste Gesetz; aus ihm werden sich alle anderen Segnungen ergeben. Das mag als ein fernes Ziel, ein unpraktikables Utopia erscheinen. Es ist aber durchaus erreichbar, denn dafür kann hier und jetzt gearbeitet werden. Ein Einzelner kann die Lebensweise der Zukunft – die der Gewaltfreiheit – annehmen, ohne auf andere warten zu müssen. Und wenn ein Einzelner es kann, können es nicht auch ganze Gruppen und ganze Nationen? Die Menschen zögern häufig, einen Anfang zu machen, weil sie spüren, das Ziel kann nicht in seiner Gänze erreicht werden. Genau diese Geisteshaltung ist unser größtes Hindernis für den Fortschritt – ein Hindernis, das jeder Mensch, wenn er nur will, beseitigen kann.

Gleiche Verteilung – das zweite große Gesetz der Welt von morgen, wie ich sie sehe – erwächst aus der Gewaltfreiheit. Es bedeutet nicht, dass die Güter der Welt rücksichtslos gleich aufgeteilt werden, sondern dass jeder Mensch das Nötige hat, um seine natürlichen Bedürfnisse zu befriedigen, nicht mehr und nicht weniger. Ein simples Beispiel: Wenn ein Mensch ein Viertelpfund Mehl pro Woche und ein anderer fünf Pfund braucht, dann sollte nicht jedem ohne Rücksicht darauf ein Viertelpfund oder fünf Pfund gegeben werden. Beide sollten vielmehr in der Lage sein, ihre jeweiligen Bedürfnisse zu befriedigen.

Hier kommen wir zu der vielleicht lebenswichtigsten Frage beim Aufbau der morgigen Welt. Wie kann die gleiche Verteilung organisiert werden? Müssen die Reichen ihres ganzen Besitzes enteignet werden?

Die Gewaltfreiheit antwortet: nein. Nichts Gewaltsames kann für die Menschheit dauerhaft von Nutzen sein. Gewaltsame Enteignung würde die Gesellschaft vieler großer Gaben berauben; der reiche Mann weiß, wie man erzeugt und aufbaut; seine Fähigkeiten sollten nicht verloren gehen. Er darf im Besitz seines Reichtums bleiben, sodass er das, was er vernünftigerweise für seine persönlichen Bedürfnisse braucht, erhält und als Treuhänder für den Rest handelt, damit es zum Wohle der Gesellschaft ausgegeben werden kann. Es hat solche Männer gegeben und es gibt sie auch jetzt noch. Sobald ein Mann sich selbst als Diener der Gesellschaft betrachtet, für sie verdient, für sie ausgibt, ist meines Erachtens sein Ertrag gut und sein Unternehmen konstruktiv.

Aber schließt nicht die ganze Idee der Gewaltfreiheit einen grundlegenden Wandel der menschlichen Natur ein? Und berichtet die Geschichtsschreibung irgendwann einmal von einem solchen Wandel? Aber gewiss doch! So mancher Einzelne hat sich vom schäbigen, egoistischen, raffsüchtigen Standpunkt zu einem, der die Gesellschaft als Ganzes sieht und für ihr Wohl arbeitet, durchgerungen. Wenn ein solcher Wandel bei einem Menschen möglich war, ist er es auch bei vielen.

Ich sehe keine Armut in der Welt von morgen, keine Revolutionen und kein Blutvergießen. Und in dieser Welt wird es einen Glauben an Gott geben, größer und tiefer als jemals in der Vergangenheit. Die bloße Existenz der Welt in einem weiten Sinn hängt von der Religion ab. Alle Versuche, sie auszurotten, werden scheitern. (IV, 443)

Satyagraha
(Festhalten an der Wahrheit)

Definition von Satyagraha

Satyagraha heißt wörtlich Festhalten an der Wahrheit und bedeutet deshalb Wahrheitskraft. Wahrheit ist Seele oder Geist. Deshalb könnte man auch sagen: Seelenkraft. Wahrheit schließt die Anwendung von Gewalt aus, da der Mensch nicht fähig ist, die absolute Wahrheit zu erkennen, und deshalb auch nicht berechtigt ist, zu bestrafen. Das Wort wurde in Südafrika geprägt, um den gewaltfreien Widerstand der Inder zu unterscheiden vom gleichzeitig praktizierten »passiven Widerstand« der Frauenrechtlerinnen und anderer. Die Gewaltfreiheit ist nicht als Waffe der Schwachen gedacht. (IV, 199)

Zur Begriffsgeschichte von Satyagraha

Heute sehe ich, dass mich alle wichtigen Ereignisse in meinem Leben, vor allem das Brahmacharya-Gelübde, insgeheim darauf vorbereiteten: Das Satyagraha genannte Prinzip gab es bereits, bevor man diesen Namen dafür fand. Als es aufkam, konnte selbst ich nicht genau sagen, was es war. Um es zu beschreiben, verwendeten wir auch in Gujarati den englischen Ausdruck »passive resistance« (passiver Widerstand). Als ich bei einer Zusammenkunft von Europäern erkannte, dass der Begriff »passive resistance« zu eng gefasst war, dass man glaubte, es sei eine Waffe der Schwachen, hätte mit Hass zu tun und könne sich schließlich auch in Gewalt äußern, musste ich allen diesen Auffassungen widersprechen und den tatsächlichen Charakter der indischen Bewegung erklären. Es war offenkundig, dass die Inder ein neues Wort für ihren Kampf prägen mussten.

Aber mir fiel partout kein neuer Name ein. Deshalb versprach ich in *Indian Opinion* demjenigen Leser einen bescheidenen Preis, der den besten Vorschlag dazu lieferte. Maganlal Gandhi war es dann, der das Wort »Sadagraha« (Festigkeit in einer guten Sache) prägte und den Preis gewann. Um das Wort noch deutlicher zu machen, änderte ich es in »Satyagraha«, was in Gujarati dann zur gängigen Bezeichnung für den Kampf wurde. (I, 348)

Wahrheit (*satya*) schließt Liebe ein, und Festigkeit (*agraha*) erzeugt Kraft und dient deshalb als Synonym für sie. So begann ich die indische Bewegung »Satyagraha« zu nennen, das heißt die Kraft, die aus der Wahrheit und der Liebe oder Gewaltfreiheit geboren ist. (II, 125)

Zum Unterschied von Satyagraha und passivem Widerstand

Ich widersprach […], indem ich unseren passiven Widerstand als »Seelenkraft« definierte. […]

Wenn wir […] Satyagrahis sind und Satyagraha leisten in dem Glauben, stark zu sein, so ergeben sich daraus zwei klare Folgen. Indem wir den Gedanken der Stärke nähren, werden wir von Tag zu Tag stärker. Mit dem Wachsen unserer Stärke wird auch unser Satyagraha wirksamer, und wir werden nie nach einer Gelegenheit suchen, ihn aufzugeben. Und während wiederum im passiven Widerstand kein Raum für Liebe ist, hat beim Satyagraha Hass nicht nur keinen Platz, sondern ist ein ausdrücklicher Verstoß gegen sein leitendes Prinzip. Während beim passiven Widerstand Raum ist für Waffengebrauch, wenn sich eine passende Gelegenheit bietet, ist beim Satyagraha physische Gewalt selbst unter den günstigsten Umständen verboten. Passiver Widerstand wird oft als Vorbereitung auf den Waffengebrauch betrachtet, während Satyagraha niemals so verwendet werden kann. Passiver Widerstand kann gleichzeitig mit dem Einsatz von Waffen geleistet werden. Satyagraha und rohe Gewalt können dagegen niemals zusammengehen, da sie sich gegenseitig ausschließen. Satyagraha kann jemand gegen die ihm Nächsten und Teuersten leisten; passiver Widerstand kann gegen sie niemals geleistet werden, außer natürlich, wenn sie aufgehört haben, uns teuer zu sein, und zum Gegenstand des Hasses geworden sind. Beim passiven Widerstand spielt immer der Gedanke mit, den Gegner zu peinigen, was einhergeht mit der Bereitschaft, alle Beschwerlichkeit auf sich zu nehmen, die sich daraus ergibt; beim Satyagraha dagegen besteht nicht die leiseste Absicht, dem Gegner Schaden zuzufügen. Satyagraha fordert, den Gegner durch Leiden in der eigenen Person zu gewinnen. (II, 126 ff.)

Auf dem politischen Feld besteht der Kampf im Namen des Volkes jedoch meist darin, dem Irrtum in der Form ungerechter Gesetze zu begegnen. Ist es nicht gelungen, dem Gesetzgeber den Irrtum durch Petitionen und dergleichen vor Augen zu führen, besteht das einzige Heilmittel, das einem übrigbleibt, wenn man sich ihm nicht unterwerfen will, darin, ihn durch Leiden in der eigenen Person dazu zu zwingen, zurückzugehen, d. h., indem man die Strafe für den Gesetzesbruch auf das eigene Haupt lädt. Daher wird unter Satyagraha in der Öffentlichkeit meist ziviler Ungehorsam oder ziviler Widerstand verstanden. Er ist zivil in dem Sinne, dass er nicht kriminell ist. (IV, 189)

Satyagraha zu Hause

Ich hatte gelesen und selbst festgestellt, dass körperlich schwache Menschen Hülsenfrüchte meiden sollten. Ich aß sie sehr gerne.

Nun traten bei Kasturbai, der es nach ihrer Operation vorübergehend besser gegangen war, erneut Blutungen auf; die Krankheit schien hartnäckig zu sein. Wasserbehandlung allein sprach nicht an. Sie hatte kein großes Zutrauen zu meinen Heilverfahren, obwohl sie sich nicht dagegen sträubte. Von außen jedoch wollte sie auf keinen Fall Hilfe. Als alle meine Mittel versagten, bat ich sie inständig, auf Salz und Hülsenfrüchte zu verzichten. Darauf wollte sie nicht eingehen, sosehr ich ihr auch zuredete und mich auf Autoritäten berief. Schließlich forderte sie mich mit der Behauptung heraus, selbst ich könne auf diese Dinge nicht verzichten, wenn man mir dazu riete. Das schmerzte mich und freute mich zugleich – es erfreute mich, weil ich damit eine Gelegenheit erhielt, ihr meine Liebe zu beweisen. Ich antwortete: »Du irrst dich. Wäre ich krank und der Arzt riete mir, dies oder jenes nicht zu verzehren, würde ich das ohne Zögern tun. Aber pass auf! Ohne dass mir ein Arzt das rät, werde ich für ein Jahr auf Salz und Hülsenfrüchte verzichten, unabhängig davon, ob du es auch tust oder nicht.«

Ganz entsetzt und tief besorgt rief sie aus: »Bitte verzeih mir. Ich kenne dich ja und hätte dich nicht provozieren dürfen. Ich verspreche, beide Dinge fortzulassen, doch nimm um Himmels willen dein Gelübde zurück. Das ist zu schlimm für mich.«

»Der Verzicht auf diese Dinge ist sehr gut für dich. Ich zweifle nicht im Mindesten daran, dass es dir ohne sie viel besser gehen wird. Was mich betrifft, so kann ich ein ernsthaft abgelegtes Gelübde nicht zurücknehmen. Es wird mir überdies auch sicher nützen, denn jede Beschränkung – was immer ihr Anlass sein mag – ist gut für den Menschen. Dringe deshalb nicht weiter in mich. Für mich wird es eine Prüfung sein und für dich eine moralische Hilfe, bei deinem Entschluss zu bleiben.«

So ließ sie von mir ab. »Du bist zu halsstarrig und willst auf niemanden hören«, klagte sie und suchte Erleichterung in Tränen.

Ich möchte diesen Vorfall gern als ein Beispiel für Satyagraha betrachten, er gehört zu den schönsten Erinnerungen meines Lebens. (I, 356 f.)

Vorgeschichte des Satyagraha in Südafrika

Gandhi beschreibt, wie 1906 eine Gesetzesvorlage im Regierungsanzeiger Transvaals veröffentlicht wird, die darauf abzielt, seine indischen Landsleute unter eine Art Apartheid in der Transvaal-Kolonie (Südafrika) zu stellen.

Jeder Inder, ob Mann, Frau oder Kind von acht Jahren aufwärts, mit einer Wohnberechtigung in Transvaal, muss seinen oder ihren Namen vom Urkundenbeamten für Asiaten registrieren und sich eine Bescheinigung ausstellen lassen. Die Antragsteller für die Registrierung müssen dem Urkundenbeamten ihre alten Ausweise aushändigen und in ihrem Antrag ihren Namen, Wohnort, Kaste, Alter usw. angeben. Der Beamte hatte wichtige Identifikationsmerkmale der Person des Antragstellers zu vermerken und ihm seine Fingerabdrücke abzunehmen. Jeder Inder, der es versäumte, vor einem bestimmten Datum die Registrierung zu beantragen, verlor sein Wohnrecht in Transvaal. Die Beantragung zu versäumen wurde als Gesetzesverstoß betrachtet, für den der Straftäter, je nach Ermessen des Gerichts, mit Geldstrafe belegt, ins Gefängnis geschickt oder gar deportiert werden konnte. Eltern hatten den Antrag im Namen ihrer minderjährigen Kinder zu stellen und sie zum Urkundenbeamten zu bringen, um ihnen ihre Fingerabdrücke abnehmen zu lassen usw. Für den Fall, dass die Eltern es versäumten, diese Verantwortung wahrzunehmen, musste der Minderjährige sie selbst wahrnehmen, und wenn er es versäumte, konnten ihm dieselben Strafen auferlegt werden wie seinen Eltern. Die dem Registrierungsbescheinigung musste jedem Polizeibeamten, wann und wo immer er es verlangte, vorgezeigt werden. Das Versäumnis, die Bescheinigung vorzuzeigen, galt als ein Verstoß, für den der Straffällige mit Geldstrafe belegt oder ins Gefängnis geschickt werden konnte. Selbst auf öffentlichen Hauptstraßen konnte eine Person aufgefordert werden, ihre Bescheinigung vorzuweisen. Polizeibeamte konnten Privathäuser betreten, um Bescheinigungen zu kontrollieren. Inder, die von einem außerhalb gelegenen Ort nach Transvaal einreisen wollten, mussten ihre Bescheinigung dem diensthabenden Kontrolleur vorzeigen. Die Bescheinigungen mussten auf Aufforderung in öffentlichen Gebäuden, wenn der Inhaber sie aus geschäftlichen Gründen aufsuchte, und auf Finanzämtern, die ihm eine Handels- oder eine Radfahrerlaubnis erteilten, vorgezeigt werden. Das heißt, wenn ein Inder von einer bestimmten Regierungsbehörde erwartete, sie sollte etwas für ihn tun, konnte der Beamte verlangen, die Bescheinigung zu sehen, ehe er seiner Bitte entsprach. Die Weigerung, die Bescheinigung vorzuzeigen oder die von der Regelung vorgeschriebenen Personalien und Angaben zur Identifikation zur Verfügung zu stellen, wurde ebenfalls als Verstoß betrachtet, für den die verweigernde Person mit Geldstrafe belegt oder ins Gefängnis geschickt werden konnte.

Ich habe noch nie gehört, dass Gesetze dieser Art in irgendeinem Teil der Welt gegen freie Menschen gerichtet wurden. (II, 113 f.)

Gandhi ruft zum Widerstand auf

Ich beruhigte ihn, und an die Versammlung gewandt sagte ich: »Dies ist eine sehr ernste Krise. Wenn die Verordnung verabschiedet wird und wenn wir uns ihr fügen, wird sie in ganz Südafrika nachgeahmt werden. Meiner Ansicht nach zielt sie auf die Wurzel unserer Existenz in Südafrika. Es ist nicht der letzte, sondern der erste Schritt auf dem Weg, uns aus dem Land zu jagen. Wir sind deshalb nicht nur für die Sicherheit der zehn- oder fünfzehntausend Inder Transvaals, sondern für die ganze indische Gemeinschaft in Südafrika verantwortlich. Und wenn wir alle Auswirkungen dieses Gesetzes richtig verstehen, erkennen wir, dass Indiens Ehre unserer Obhut anvertraut ist. Denn die Verordnung sucht nicht nur uns selbst zu demütigen, sondern auch das Mutterland. Die Demütigung besteht in der Erniedrigung unschuldiger Menschen. Niemand kann behaupten, wir hätten etwas getan, was eine derartige Gesetzgebung verdient. […] Es genügt daher nicht, hastig, ungeduldig oder wütend zu sein. Das kann uns vor dieser Attacke nicht schützen. Doch wird Gott uns zu Hilfe kommen, wenn wir zu gegebener Zeit besonnen über Widerstandsmaßnahmen nachdenken und sie ergreifen, eine geschlossene Front bilden und die Härten ertragen, die ein solcher Widerstand mit sich bringt.« (II, 115 f.)

Preis des Widerstands

Wenn wir das Beste hoffen, so können wir sagen: Wenn eine Mehrheit der Inder sich zum Widerstand verpflichtet und wenn alle, die sich verpflichtet haben, sich selbst treu bleiben, wird die Verordnung womöglich gar nicht verabschiedet, und sollte sie verabschiedet werden, wird sie vielleicht bald wieder aufgehoben. Mag sein, dass wir überhaupt nicht aufgerufen werden zu leiden. Obwohl ein Mann, der ein Gelöbnis abgelegt hat, einerseits ein robuster Optimist sein sollte, so sollte er doch andererseits auf den schlimmsten Fall vorbereitet sein. [...] Wir müssen vielleicht ins Gefängnis, wo wir womöglich beleidigt werden. Vielleicht werden wir Hunger leiden und äußerste Hitze oder Kälte aushalten müssen. Vielleicht wird uns harte Arbeit auferlegt. Wir können von rüden Wärtern ausgepeitscht werden. Wir können hohe Geldstrafen erhalten, und unser Eigentum kann gepfändet und versteigert werden, wenn nur noch wenige da sind, die Widerstand leisten. Heute im Überfluss lebend, können wir morgen in bitterste Armut gestürzt werden. Wir können deportiert werden. Dem Verhungern und ähnlicher Not im Gefängnis ausgesetzt, können einige von uns krank werden und sogar sterben. Kurzum, es ist keineswegs unmöglich, dass wir jede Mühsal, die wir uns vorstellen können, aushalten müssen, und die Klugheit gebietet es, uns unter der Voraussetzung zu verpflichten, dass wir all das und noch Schlimmeres zu erwarten haben. Wenn mich jemand fragt, wann und wie der Kampf endet, so kann ich sagen, dass das Ende nahe bevorsteht, wenn die ganze Gemeinschaft mannhaft die Prüfung besteht. (II, 120 f.)

Organisation des Satyagraha (1 / Streikposten)

Am 1. Juli 1907 wurden die Zulassungsämter geöffnet. Die Gemeinschaft hatte in aller Öffentlichkeit beschlossen, vor jedem Amt Streikposten aufzustellen, das heißt, Freiwillige auf den Straßen, die dorthin führten, zu postieren. Diese Freiwilligen sollten die wankelmütigen Inder vor der Falle, die dort für sie aufgestellt war, warnen. Die Freiwilligen trugen Abzeichen und wurden ausdrücklich angewiesen, gegenüber jedem Inder, der einen Ausweis erwarb, nicht unhöflich zu sein. Sie sollten nach seinem Namen fragen, doch wenn er sich weigerte, ihn zu nennen, durften sie ihm gegenüber unter keinen Umständen gewalttätig oder roh auftreten. Jedem Inder, der in das Zulassungsamt ging, sollten sie ein Merkblatt aushändigen, das über die Ungerechtigkeiten, welche die Unterwerfung unter das Schwarze Gesetz zur Folge hätte, und über das Gesetz selbst informierte. Sie sollten sich auch der Polizei gegenüber mit gebührendem Respekt verhalten. Wenn die Polizei sie beschimpfte oder verprügelte, sollten sie das friedlich erdulden; sollte die Misshandlung durch die Polizei unerträglich sein, sollten sie den Ort verlassen. Würde die Polizei sie festnehmen, sollten sie sich freudig ausliefern. Falls sich ein derartiger Vorfall in Johannesburg ereignete, sollte er mir zur Kenntnis gebracht werden. Jede Gruppe von Streikposten hatte einen Sprecher, dessen Anweisungen von den übrigen befolgt werden mussten.

Das war die erste Erfahrung dieser Art für die Gemeinschaft. (II, 149)

Organisation des Satyagraha (2 / Zeitung)

Mithilfe dieser Zeitung [Indian Opinion] konnten wir Nachrichten einer Woche sehr gut in der Gemeinschaft verbreiten. Der englische Teil informierte jene Inder über die Bewegung, die kein Gujarati verstanden, und für Engländer in Indien, England und Südafrika diente *Indian Opinion* als wöchentliches Rundschreiben. Ich glaube, ein Kampf, der sich hauptsächlich auf innere Stärke verlässt, kann ohne eine Zeitung auskommen, aber ebenso lehrt mich meine Erfahrung, dass es uns womöglich weder gelungen wäre, die lokale indische Gemeinschaft zu erziehen, noch, die Inder in der ganzen Welt auf andere Weise mit derselben Leichtigkeit und demselben Erfolg über den Gang der Ereignisse in Südafrika auf dem Laufenden zu halten wie durch *Indian Opinion*. Sie war deshalb zweifellos eine äußerst nützliche und wirksame Waffe in unserem Kampf. (II, 156)

Organisation des Satyagraha (3 / Überfüllung des Gefängnisses)

In Südafrika muss sich jeder Straßenhändler, ob schwarz oder weiß, eine Lizenz ausstellen lassen. Er muss sie stets bei sich tragen und sie der Polizei auf Aufforderung zeigen. Nahezu jeden Tag verlangten einige Polizisten die Lizenzen zu sehen und nahmen diejenigen fest, die keine hatten. Die Gemeinschaft hatte beschlossen, nach unserer Verhaftung [Verhaftung der führenden Inder] das Gefängnis zu füllen. Dabei übernahmen die Straßenhändler die Führung. Es war leicht für sie, festgenommen zu werden. Sie brauchten sich nur zu weigern, ihre Lizenz zu zeigen, und das genügte, um ihre Festnahme zu erwirken. Auf diese Weise schwoll die Zahl der Satyagrahi-Gefangenen in einer Woche auf mehr als einhundert an. Und da täglich einige eintragen, erhielten wir unser tägliches Quantum an Nachrichten auch ohne eine Zeitung. Als man begann, die Satyagrahis in großer Zahl zu verhaften, wurden sie zu Haft mit harter Arbeit verurteilt, entweder weil die Richter die Geduld verloren oder weil sie, wie wir dachten, von der Regierung dazu angewiesen wurden. […] Die Zahl der Satyagrahi-Gefangenen stieg allmählich auf über 150. (II, 165 ff.)

Organisation des Satyagraha (4 / Verbrennung der Ausweise)

Die Versammlung begann. […] Ich stellte im Einzelnen die verschiedenen Phasen der ausgedehnten Verhandlungen [mit General Smuts] dar und sagte: »Sollte es einen Inder geben, der seinen Ausweis zum Verbrennen übergeben hat, ihn aber zurückhaben will, so möge er vortreten und ihn in Empfang nehmen. Die Verbrennung der Ausweise an sich ist kein Vergehen, und diejenigen, die die Haft erstreben, können sie auf diese Weise nicht herbeiführen. Durch die Verbrennung der Ausweise erklären wir nur unseren feierlichen Entschluss, uns dem Schwarzen Gesetz niemals zu unterwerfen, und wir verzichten auf die Möglichkeit, die Ausweise überhaupt vorzeigen zu können. […]« Das Komitee hatte bereits mehr als 2000 Ausweise zum Verbrennen erhalten. Diese wurden alle in einen Kessel geworfen, mit Petroleum übergossen und von Mr. Yusuf Mian in Brand gesteckt. Die Versammlung erhob sich, und der ganze Platz hallte vom Echo ständiger Hochrufe während des Verbrennungsprozesses wider. (II, 216 f.)

Die einzige Waffe der Inder war das Vertrauen in die Rechtschaffenheit ihrer Sache und in Gott. Es gibt keinen Zweifel, dass diese Waffe für den, der an sie glaubt, allumfassend und allmächtig ist, doch solange der Durchschnittsmensch das nicht begriffen hat, mögen 13 000 unbewaffnete Inder unbedeutend erscheinen im Vergleich zu den gut bewaffneten Europäern Amerikas. Da Gott die Kraft der Schwachen ist, ist es kein Wunder, dass die Welt sie verachtet. (II, 218)

Selbst das denkbar größte Geldgeschenk kann einen Satyagraha-Kampf, einen Kampf im Namen der Wahrheit, der hauptsächlich aus Selbstreinigung und Selbstvertrauen besteht, an sich nicht voranbringen. Ein Satyagraha-Kampf ist unmöglich ohne Kapital in Form von Charakterstärke. So wie ein von seinen Bewohnern verlassener prächtiger Palast wie eine Ruine wirkt, ergeht es auch einem Mann ohne Charakter, ungeachtet seines materiellen Hab und Guts.

(II, 246)

Reinheit

Die Führer jeder reinen Bewegung sind verpflichtet, darauf zu achten, dass sich ihr nur reine Kämpfer anschließen. Doch bei aller Vorsicht ist es nicht möglich, unerwünschte Elemente gänzlich fernzuhalten. Aber solange die Führer furchtlos und wahrhaftig sind, kann das unbemerkte Eindringen unerwünschter Elemente der Bewegung letztlich nicht schaden. (II, 154)

Der Juwelier reibt Gold am Prüfstein. Wenn ihn das hinsichtlich seiner Reinheit nicht befriedigt, legt er es ins Feuer und hämmert es, sodass die Schlacke, die womöglich darin enthalten ist, entfernt wird und nur das reine Gold zurückbleibt. Die Inder in Südafrika durchliefen eine ähnliche Prüfung. Sie wurden gehämmert und ins Feuer gelegt und erhielten den Feingehaltsstempel erst, als sie alle Stadien der Prüfung unbeschädigt überstanden hatten. (II, 326)

Resümee zur Wirksamkeit von Satyagraha

Bedenkt man den schmerzlichen Kontrast zwischen dem glücklichen Ende des Satyagraha-Kampfes [letztlich wurden die Hauptforderungen der Satyagrahis nach acht Jahren Kampf eingelöst] und der gegenwärtigen Lage der Inder in Südafrika, so hat man für einen Augenblick das Gefühl, all das Leiden sei umsonst gewesen, oder man neigt dazu, die Wirksamkeit des Satyagraha als eines Lösungsmittels für die Probleme der Menschheit infrage zu stellen. Lasst uns diesen Punkt hier für einen Moment bedenken. Es ist ein Naturgesetz, dass eine Sache nur durch die Mittel erhalten werden kann, durch die sie erworben wurde. Was durch Gewalt erworben wurde, kann auch nur durch Gewalt erhalten werden, während das, was durch Wahrheit erworben wurde, auch nur durch Wahrheit erhalten werden kann. Die Inder in Südafrika können ihre Sicherheit deshalb heute nur aufrechterhalten, wenn sie es verstehen, die Waffe des Satyagraha zu handhaben. Satyagraha kann nicht das Wunder vollbringen, dass etwas, das durch Wahrheit erworben wurde, auch dann noch erhalten bleibt, wenn man die Wahrheit aufgegeben hat. Es wäre auch nicht wünschenswert, selbst wenn es möglich wäre. Wenn sich daher die Lage der Inder in Südafrika verschlechtert hat, so zeugt das eher davon, dass es bei ihnen keine Satyagrahis gibt. [...] Die Satyagrahi-Veteranen sind einer nach dem anderen verschieden. [...]

Schließlich hat der Leser dieser Seiten gesehen, dass die Inder ohne diesen großen Kampf und all die unbeschreiblichen Leiden, die so viele auf ihre opferbereiten Häupter geladen haben, heute aus Südafrika verjagt worden wären. Der Sieg, den die Inder in Südafrika errangen, diente den indischen Emigranten in anderen Teilen des British Empire mehr oder weniger als Schutzschild. Wenn sie unterdrückt werden, dann deshalb, weil Satyagraha bei ihnen fehlt und weil Indien unfähig ist, sie zu beschützen, nicht aber aufgrund eines Makels der Waffe des Satyagraha. Ich betrachte mich selbst als reichlich entschädigt, wenn ich auf diesen Seiten mit einem gewissen Erfolg gezeigt habe, dass Satyagraha eine unschätzbare und unvergleichliche Waffe ist und diejenigen, die sie anwenden, keine Enttäuschung und keine Niederlage kennen. (II, 348 f.)

Ahimsa (Gewaltlosigkeit)

Erwidere Übles mit Gutem!

Weiterhin ergriff ein auf Gujarati verfasstes Lehrgedicht [von Shamal Bhatt] Besitz von meinem Denken und Fühlen. Der darin vertretene Grundsatz – Erwidere Übles mit Gutem – wurde mein Leitprinzip. Er begeisterte mich so sehr, dass ich damit zahllose Experimente versuchte. Hier sind die (für mich) wundervollen Zeilen:

Für eine Schale Wasser gib eine reichliche Mahlzeit;
für einen freundlichen Gruß neige dich tief herab;
für eine kleine Münze zahle Gold zurück;
Wird dein Leben gerettet, behalte es nicht für dich.
Achte auf die Worte und Taten der Weisen,
sie vergelten noch den kleinsten Dienst zehnfach.
Doch die wahrhaft Edlen sehen alle Menschen als gleiche
und erwidern freudig empfangenes Übel mit Gutem.

(I, 51)

Immer und immer wieder habe ich die Erfahrung gemacht, dass das Gute Gutes hervorruft, das Böse aber Böses erzeugt. Wenn daher der Ruf des Bösen kein Echo erfährt, so büßt es aus Mangel an Nahrung seine Kraft ein und geht zugrunde. Das Böse nährt sich nur von seinesgleichen. (IV, 115)

Ich wünschte und ich wünsche, Gewalt zu vermeiden. Gewaltfreiheit ist der erste und letzte Grundsatz meines Glaubens. (IV, 30)

Wie erlangt man Gewaltfreiheit?

Es erfordert eine ziemlich anstrengende Ausbildung, um den seelischen Zustand der Gewaltfreiheit zu erlangen. Im täglichen Leben, auch wenn wir das vielleicht nicht mögen, handelt es sich um eine Schulung in Disziplin, wie zum Beispiel bei einem Soldaten. Allerdings wäre eine bloß äußerliche Befolgung des Gesetzes ohne eine von Herzen kommende Mitarbeit des Geistes lediglich eine Maske, ebenso schädlich für einen selbst wie für andere. Der vollkommene Zustand wird nur erreicht, wenn Geist, Körper und Rede richtig aufeinander abgestimmt sind. Doch das ist stets eine Sache intensiven seelischen Kampfes. Es ist nicht so, dass ich zum Beispiel zum Zorn unfähig wäre, aber ich schaffe es bei fast jeder Gelegenheit, meine Gefühle unter Kontrolle zu halten. Was auch immer das Ergebnis sein mag, es gibt stets einen bewussten Kampf in mir, um dem Gesetz der Gewaltfreiheit bewusst und unablässig zu folgen. Solch ein Kampf macht einen stärker. Gewaltfreiheit ist eine Waffe des Starken. (IV, 112 f.)

Gewaltfreiheit (als Waffe) verstehen lernen

Es ist unmöglich, einen Menschen, der den Tod fürchtet und keine Kraft zum Widerstand hat, Gewaltfreiheit zu lehren. Eine hilflose Maus ist nicht gewaltfrei, denn sie wird immer von der Katze gefressen. Sie würde mit Freude die Mörderin fressen, wenn sie könnte, aber sie versucht, vor ihr zu fliehen. Wir betrachten sie nicht als Feigling, denn sie ist von der Natur so geschaffen und kann nicht anders. Ein Mensch aber, der sich wie die Maus verhält, wenn er einer Gefahr ausgesetzt ist, wird zu Recht ein Feigling genannt. Er empfindet Gewalt und Hass in seinem Herzen und würde seinen Feind am liebsten töten, wenn er es, ohne selbst verletzt zu werden, tun könnte. Gewaltfreiheit ist ihm fremd. Ihm gegenüber wäre jede Moralpredigt verlorene Liebesmühe. Tapferkeit ist seiner Natur fremd. Bevor er Gewaltfreiheit überhaupt verstehen kann, muss er gelehrt werden, standzuhalten und sogar den Tod zu erleiden bei dem Versuch, sich selbst gegen den Angreifer, der ihn zu überwältigen sucht, zu verteidigen. Alles andere würde ihn in seiner Feigheit bestätigen und ihn von der Gewaltfreiheit noch weiter abbringen. Obwohl ich niemandem wirklich helfen sollte, Vergeltung zu üben, darf ich doch nicht zulassen, dass er sich hinter der sogenannten Gewaltlosigkeit versteckt. Aus Unwissenheit darüber, aus welchem Stoff die Gewaltfreiheit gemacht ist, haben viele ehrlich geglaubt, das Wegrennen vor der drohenden Gefahr sei im Gegensatz zum Widerstandleisten eine Tugend, besonders wenn es mit Lebensgefahr verbunden ist. Als ein Lehrer der Gewaltfreiheit muss ich, soweit es mir möglich ist, wachsam sein gegenüber einem derart feigen Glauben.

Gewaltfreiheit ist die größte Macht, die der Menschheit zur Verfügung steht. Sie ist machtvoller als die schlimmste Zerstörungswaffe, die der menschliche Erfindergeist je hervorbringen wird. Denn Zerstörung ist nicht das Gesetz der Menschen. Der Mensch lebt nur dann in Freiheit, wenn er notfalls bereit ist, von der Hand seines Bruders zu sterben, niemals aber dann, wenn er seinen Bruder tötet. Jeder Mord und jede andere Gewalttätigkeit, egal weshalb man sie begeht, ist ein Verbrechen gegen die Menschlichkeit. [...]

Gewaltfreiheit kann nur gelehrt werden, indem sie vorgelebt wird. Wenn es eine unmissverständliche Demonstration ihrer Macht und Wirksamkeit gibt, wird der Schwache seine Schwachheit abschütteln und der Mächtige wird rasch sanftmütig werden und die Überlegenheit der Gewaltfreiheit anerkennen. In aller Bescheidenheit bemühe ich mich darum zu zeigen, dass das selbst beim Handeln von Massen kein unerreichbares Ziel ist. (IV, 116-118)

Glaube an Ahimsa

Ich kann mir vorstellen, dass Hunderte, wenn nicht gar Tausende, geopfert werden müssen, um den Hunger von Diktatoren zu stillen, die nicht an Ahimsa glauben. Es gilt sogar der Grundsatz, dass Ahimsa angesichts der größten Himsa am wirksamsten ist. Nur in solchen Fällen wird ihre Qualität wirklich geprüft. Für die Leidenden ist es nicht nötig, das Ergebnis bereits zu ihren Lebzeiten zu sehen. Sie müssen den Glauben haben, dass ihr religiöses Handeln, wenn es weiterlebt, mit Sicherheit Früchte tragen wird. Die Methode der Gewalt bietet keine größere Erfolgsgarantie als die der Gewaltfreiheit. Sie bietet eine unendlich geringere, denn ihr fehlt der Glaube des Anhängers der Ahimsa. (IV, 329)

Das Prinzip von Ahimsa lernte Gandhi dank seinem Vater kennen

Weit schwerwiegender aber als diese Diebstähle [Gandhi hat über einige kleine *Diebstähle* berichtet, die er als Junge beging] war jener, den ich etwas später beging. Das Kleingeld entwendete ich, als ich zwölf, dreizehn Jahre oder auch noch jünger war, zum Zeitpunkt des anderen Diebstahls war ich fünfzehn. Diesmal stahl ich ein Stückchen Gold aus der Armbanduhr jenes Bruders, der ebenfalls Fleisch aß. Dieser Bruder hatte Schulden in Höhe von fünfundzwanzig Rupien gemacht. Er trug einen Armschmuck aus purem Gold. Es war einfach, ein Stückchen daraus zu entfernen.

Nun, es war geschehen und die Schuld getilgt. Aber meine Tat verfolgte mich. Ich nahm mir vor, nie wieder zu stehlen. Außerdem entschloss ich mich, die Sache meinem Vater zu beichten. Ich wagte aber nicht zu sprechen. Nicht dass ich Schläge von meinem Vater befürchtet hätte. Nein. Ich erinnere mich nicht, dass er jemals einen von uns geschlagen hätte. Was ich fürchtete, war der Schmerz, den ich ihm zufügen würde. Ich glaubte jedoch, es darauf ankommen lassen zu müssen. Ohne vollständiges Geständnis konnte es keine Befreiung geben.

Ich entschloss mich zu guter Letzt, mein Geständnis schriftlich abzulegen, es meinem Vater zu geben und ihn um Verzeihung zu bitten. Ich schrieb es auf ein Stück Papier und übergab es ihm persönlich. In dieser Mitteilung bekannte ich nicht nur meine Schuld, sondern erbat auch eine angemessene Bestrafung dafür. Ich schloss mit der Bitte, er möge sich nicht selbst für mein Vergehen bestrafen. Ich gelobte auch, in Zukunft nie wieder zu stehlen.

Ich zitterte, als ich meinem Vater das Geständnis überreichte. Er litt damals an einer Fistel und musste das Bett hüten. Es bestand aus einem einfachen Holzbrett. Ich gab ihm die Mitteilung und setzte mich vor das Brett.

Er las sie durch, dabei liefen ihm Tränen über die Wangen, die das Papier benetzten. Einen Moment lang schloss er die Augen, dachte nach, und dann zerriss er das Papier. Er hatte sich zum Lesen aufgesetzt. Nun legte er sich wieder hin. Ich weinte ebenfalls. Ich konnte die Qualen meines Vaters sehen. Wäre ich ein Maler, könnte ich noch heute die ganze Szene in einem Bild festhalten. So lebhaft ist sie mir noch in Erinnerung.

Diese Tränen der Liebe reinigten mein Herz und wuschen meine Sünde ab. Nur wer solche Liebe erfahren hat, kann sie kennen. Wie es im Hymnus heißt:

»Nur wer
von den Pfeilen der Liebe getroffen ist,
kennt ihre Macht.«

Es war Ahimsa, die ich hier kennenlernen durfte. Damals konnte ich nur die Liebe eines Vaters sehen, heute aber weiß ich, dass es reine Ahimsa war. Wenn solche Ahimsa allumfassend wird, verwandelt sie alles, was sie berührt. Ihre Macht ist grenzenlos. (I, 42 f.)

Britische Nationalhymne

Ich brachte auch den Kindern meiner Familie die Nationalhymne bei. Meiner Erinnerung nach habe ich sie ebenfalls mit den Schülern des örtlichen Training College geübt, weiß aber nicht mehr, ob es anlässlich dieses Jubiläums [das diamantene Regierungsjubiläum von Königin Victoria] oder aus Anlass der Krönung von König Edward VII. zum Kaiser von Indien war. In späteren Jahren fand ich den Text zunehmend anstößig. Als sich meine Auffassung von Ahimsa auszuformen begann, achtete ich stärker auf meine Gedanken und Worte. Besonders die folgende Passage aus der Hymne lief meiner Idee von Ahimsa zuwider:

»Scatter her enemies,
And make them fall;
Confound their politics,
Frustrate their knavish tricks.«

Ich sprach darüber mit Dr. Booth, der mir zustimmte, dass es einem Anhänger von Ahimsa schlecht anstehe, diese Zeilen zu singen. Wie konnten wir annehmen, dass die sogenannten »Feinde« »schurkisch« seien? Und waren sie, nur weil sie Feinde waren, zwangsläufig im Unrecht? Gott konnten wir nur um Gerechtigkeit bitten. Dr. Booth pflichtete mir voll und ganz bei und verfasste eine neue Hymne für seine Gemeinde. (I, 196)

Zum Wesen von Ahimsa

Ahimsa ist die Grundlage der Wahrheitssuche. Ich erkenne täglich, dass die Suche umsonst ist, wenn sie nicht auf Ahimsa gründet. Es ist ganz richtig, gegen ein System Widerstand zu leisten und es anzugreifen, aber gegen seinen Urheber Widerstand zu leisten und ihn anzugreifen ist gleichbedeutend mit Widerstand und Angriff gegen sich selbst. Denn wir sind alle gleich und Kinder desselben Schöpfers, und als solche besitzen wir unendliche göttliche Kräfte. Ein einziges menschliches Wesen zu missachten heißt, diese göttlichen Kräfte zu missachten und damit nicht nur diesem Wesen, sondern mit ihm der gesamten Welt zu schaden. (I, 303)

Gandhi züchtigt einen Schüler und bereut seine »Gewalttätigkeit« anschließend

Einer von ihnen war undiszipliniert, widerspenstig, lügnerisch und streitsüchtig. Bei einer Gelegenheit geriet er völlig außer Rand und Band. Das brachte mich auf. Ich strafte meine Jungen nie, doch diesmal war ich sehr zornig. Ich versuchte, vernünftig mit ihm zu reden, doch er hörte nicht auf und wollte mich sogar überlisten. Schließlich ergriff ich das Lineal, das in der Nähe lag, und versetzte ihm damit einen Schlag auf den Arm. Ich zitterte, als ich ihn schlug. Er bemerkte das natürlich. Das war eine völlig neue Erfahrung für alle Kinder. Der Junge schrie auf und bat um Verzeihung. Er schrie nicht, weil ihm der Schlag wehtat. Er hätte mir, wenn er gewollt hätte, in gleicher Münze heimzahlen können, da er ein kräftig gebauter Siebzehnjähriger war. Doch er begriff, welche Qual es mir bereitete, zu diesem gewaltsamen Mittel getrieben worden zu sein. Nach diesem Vorfall war er mir nie wieder ungehorsam. Aber ich bereue diese Gewalttätigkeit noch heute. Ich fürchte, an diesem Tag kam nicht meine Moral, sondern etwas Rohes in mir zum Vorschein. (I, 369 f.)

Vor dem Hintergrund der Trennung von Indien und Pakistan

Gewaltfreiheit und Schwäche haben nichts miteinander zu tun. Ich habe in den vergangenen sechzig Jahren öffentlich gewirkt und ich war nie so verzweifelt wie jetzt. Von Kindheit an habe ich gelernt, niemals so etwas wie eine Niederlage zuzulassen. Dennoch kämpfe ich heute gegen die alles durchdringende Finsternis, um irgendwo ein wenig Licht zu finden. Seid euch darüber klar, dass Indien vom Erdboden verschwinden wird, wenn es den Weg der Gewaltfreiheit ablehnt. Mehr noch, die ganze Welt befindet sich vielleicht auf dem Weg in die Verdammnis. Bald werden wir unsere Freiheit von den Briten erhalten. Doch wenn wir diese Freiheit wieder verlieren, wird selbst das Wort in Vergessenheit geraten und es ist durchaus möglich, dass ein Militärregime die Macht übernimmt. Aus diesem Grund hat Verzweiflung mein Herz ergriffen. Wie wunderbar ist die Gewaltfreiheit der Tapferen! Ich bemühe mich bei Tag und bei Nacht, sie zu entwickeln. Es ist genug, wenn ich die Gewaltfreiheit der Tapferen in meiner Person entwickeln kann. Ich bete zu Gott, Er möge mir diese Kraft verleihen. (IV, 448)

Religion und Glauben

Gelebte religiöse Toleranz in Gandhis Elternhaus

In Rajkot erhielt ich jedoch früh erste Grundlagen in Sachen Toleranz für alle Richtungen des Hinduismus und seiner Schwesterreligionen. Denn mein Vater und meine Mutter besuchten sowohl den Haveli wie auch die Tempel Shivas und Ramas und nahmen uns Kinder dahin mit oder schickten uns dorthin. Es kamen auch häufig Jaina-Mönche zu meinem Vater ins Haus, wo sie entgegen ihren Regeln sogar Speisen von uns Nichtjainas annahmen. Sie unterhielten sich mit meinem Vater über religiöse und weltliche Angelegenheiten.

Außerdem gab es unter seinen Freunden Muslime und Parsen, die ihm von ihrem jeweiligen Glauben erzählten; er hörte ihnen immer voll Achtung und oft mit Interesse zu. Da ich ihn pflegte, ergab es sich oft, dass ich bei diesen Gesprächen zugegen war. All dies beförderte bei mir eine tolerante Haltung gegenüber anderen Glaubensrichtungen. (I, 49)

Gleichwertigkeit der Religionen

»*Sahishnuta*« ist der neue Name, den wir der Ashram-Regel, die wir unter dem Namen »Toleranz« kennen, gegeben haben. Er ist eine Übersetzung des englischen Wortes »Toleranz«. Ich mochte dieses Wort nicht, fand aber kein besseres. Auch Kakasaheb mochte das Wort nicht. Er schlug »Respekt für alle Religionen« vor. Auch dieser Ausdruck gefiel mir nicht. Bei »Toleranz« mag die unbegründete Annahme mitschwingen, andere Glaubensrichtungen seien der eigenen unterlegen, und Respekt lässt auf ein gönnerhaftes Verhalten schließen, während Ahimsa uns lehrt, der Religion der anderen dieselbe Achtung entgegenzubringen, wie wir sie unserer eigenen gegenüber empfinden. Auf diese Weise räumen wir die Unvollkommenheit unserer eigenen Religion ein. […]

Die Religion unserer Vorstellung – unvollkommen, wie sie ist – ist stets einem Prozess der Entwicklung und Neuinterpretation ausgesetzt. Nur so ist es möglich, in Richtung Wahrheit, in Richtung Gott fortzuschreiten. Und wenn alle von Menschen entworfenen Glaubensvorstellungen unvollkommen sind, stellt sich die Frage, ob die eine oder die andere besser ist, überhaupt nicht. Alle Religionen sind eine Offenbarung der Wahrheit, doch sind alle zugleich unvollkommen und dem Irrtum unterworfen. Die Verehrung für andere Religionen muss uns nicht blind machen für ihre Fehler. Ebenso müssen wir uns der Fehler unserer eigenen Religion voll bewusst sein, es dabei aber nicht bewenden lassen, sondern versuchen, diese Fehler zu überwinden. Bei einer unvoreingenommenen Betrachtung aller Religionen würden wir nicht nur nicht zögern, sondern es für unsere Pflicht erachten, in unseren Glauben jeden annehmbaren Zug der anderen Religionen aufzunehmen. (IV, 126 f.)

Anderen Religionen mit Toleranz begegnen

Sodann erhebt sich die Frage, warum gibt es so viele verschiedene Religionen? Die Seele ist eine, aber sie belebt viele Körper. Die Zahl der Körper können wir nicht reduzieren; doch erkennen wir die Einheit der Seele. Genauso wie ein Baum einen einzigen Stamm hat, aber viele Zweige und Blätter, gibt es eine wahre und vollkommene Religion; sie vervielfältigt sich jedoch in dem Augenblick, in dem sie durch das Medium des Menschen hindurchgeht.

Alle Religionen sind von Gott inspiriert, aber sie sind unvollkommen, weil sie Produkte des menschlichen Geistes sind und von Menschen vermittelt werden. Die von Gott gegebene Religion ist jenseits dessen, was die Sprache ausdrücken kann. Die Menschen aber in ihrer Unvollkommenheit drücken die Religion in der Sprache aus, die ihnen zu Gebote steht, und ihre Worte werden wieder von anderen Menschen interpretiert, die auch unvollkommen sind. Wessen Interpretation ist dann die richtige? Ein jeder hat von seinem Standpunkt aus recht, aber es ist auch nicht unmöglich, dass ein jeder unrecht hat. Daher rührt die Notwendigkeit der Toleranz, die nicht Gleichgültigkeit dem eigenen Glauben gegenüber bedeutet, sondern einfach eine intelligentere und reinere Liebe für ihn ist. Toleranz gibt uns eine geistige Einstellung, die so weit vom Fanatismus entfernt ist wie der Nordpol vom Südpol. Das wahre Wissen um die Religion zerbricht die Barrieren zwischen den einzelnen Glaubensrichtungen und erzeugt Toleranz. Wenn wir anderen Glaubensrichtungen gegenüber Toleranz üben, so erwächst uns daraus ein besseres Verständnis unserer eigenen. (IV, 127)

Vorbehalte gegen das Christentum

Nur das Christentum war davon [von Gandhis toleranter Haltung gegenüber anderen Religionen] ausgenommen. Ich entwickelte eine gewisse Abneigung dagegen, und zwar aus gutem Grund. Damals standen häufig christliche Missionare an einer Ecke nahe der höheren Schule und predigten, wobei sie die Hindus und ihre Götter verunglimpften. Ich konnte das nicht ertragen. Ich bin wohl nur ein einziges Mal stehen geblieben, um ihnen zuzuhören, doch das reichte aus, mir die Lust an einer Wiederholung des Experiments zu nehmen. Etwa zur gleichen Zeit erfuhr ich, dass ein bekannter Hindu zum Christentum bekehrt worden war. Man erzählte sich in der ganzen Stadt, er habe bei seiner Taufe Rindfleisch essen und Alkohol trinken wie auch seine Kleidung ändern müssen; er sei von da an in europäischen Kleidern samt Hut in der Öffentlichkeit erschienen. Diese Vorkommnisse irritierten mich. Es kann nicht sein, dachte ich, dass eine Religion, die einen zu Rindfleisch- und Alkoholkonsum und zum Ändern der Kleidung zwang, diesen Namen verdient. Ich hörte auch, dass der Neubekehrte bereits angefangen hatte, die Religion seiner Vorfahren, ihre Bräuche und ihr Land zu verunglimpfen. All das erzeugte in mir eine Abneigung gegen das Christentum. (I, 50)

Auseinandersetzung mit dem Christentum

Mr. Baker begann, sich Sorgen um meine Zukunft zu machen. Er nahm mich mit auf ein Glaubenstreffen in Wellington. […]

Das Glaubenstreffen war eine Zusammenkunft frommer Christen. Ihre Glaubensstärke begeisterte mich. Ich lernte Reverend Murray persönlich kennen. Ich bemerkte auch, dass viele für mich beteten. Einige ihrer Lieder gefielen mir, sie waren sehr anrührend.

Das Glaubenstreffen dauerte drei Tage. Ich konnte die Frömmigkeit der Teilnehmer verstehen und schätzen, sah mich aber nicht veranlasst, meinen Glauben zu ändern. Ich konnte nicht glauben, dass ich nur dann in den Himmel kommen und Erlösung erlangen konnte, wenn ich Christ würde. Als ich das einigen guten christlichen Freunden offen sagte, waren sie schockiert. Doch das war nicht zu ändern.

Meine Schwierigkeiten lagen tiefer. Ich konnte einfach nicht glauben, dass Jesus der einzige Mensch gewordene Sohn Gottes sein sollte und dass nur diejenigen, die an ihn glaubten, das ewige Leben erlangen würden. Wenn Gott Söhne haben konnte, dann waren wir alle Seine Söhne. Wenn Jesus gottgleich oder selbst Gott war, dann waren alle Menschen gottgleich und konnten selbst Gott werden. Verstandesmäßig war ich nicht bereit zu glauben, dass Jesus durch seinen Tod und sein Blut tatsächlich die Sünden der Welt getilgt hatte. Metaphorisch gesehen mochte vielleicht etwas Wahres daran sein. Ferner besaßen nach christlicher Auffassung nur die Menschen Seelen, nicht aber andere Lebewesen, für die der Tod die völlige Auslöschung bedeutet. Ich glaubte gerade das Gegenteil. Ich konnte Jesus als einen Märtyrer anerkennen, als Verkörperung des Opfers und als göttlichen Lehrer, nicht aber als den vollkommensten Menschen, der je geboren wurde. Sein Tod am Kreuz war ein großes Beispiel für die Welt, doch dass darin irgendeine geheimnisvolle oder wundertätige Kraft liegen sollte, konnte ich gefühlsmäßig nicht annehmen. Die fromme Lebensführung von Christen vermittelte mir nichts, was in der frommen Lebensführung von Angehörigen anderer Glaubensrichtungen gefehlt hätte. Ich hatte im Leben von Nichtchristen genau dieselbe Besserung beobachtet, die mir von Christen berichtet wurde. In philosophischer Hinsicht enthielten die christlichen Grundsätze nichts Außergewöhnliches. Was die Bereitschaft zum Opfer betraf, so schienen mir die Hindus die Christen bei Weitem zu übertreffen. Es war mir unmöglich, im Christentum eine vollkommene Religion oder die größte aller Religionen zu sehen. (I, 156 ff.)

Buren und Europäer handeln wenig nach den Maximen des Neuen Testaments

Ich habe bereits früher festgestellt, dass die Buren religiös gesinnte Christen sind. Doch kann man nicht sagen, dass sie an das Neue Testament glauben. Tatsächlich glaubt auch Europa nicht daran. In Europa wird aber zumindest der Anspruch erhoben, es werde geachtet, obwohl nur wenige um Christi Friedensreligion wissen und sie befolgen. Doch was die Buren anbelangt, so kann man sagen, sie kennen das Neue Testament nur dem Namen nach. Sie lesen das Alte Testament mit Hingabe und kennen die Beschreibung der Schlachten, die es enthält, auswendig. Sie akzeptieren Moses' Lehre: »Auge um Auge und Zahn um Zahn« völlig, und sie handeln dementsprechend.

(II, 29 f.)

Gotteserfahrung

Gott muss, um Gott zu sein, das Herz regieren und es umwandeln. Er muss sich auch in der kleinsten Handlung desjenigen ausdrücken, der Ihm ergeben ist. Und das kann nur durch eine deutliche Wahrnehmung geschehen, die viel wirklicher ist, als sie die fünf Sinne jemals erzeugen könnten. Sinneswahrnehmungen, so wirklich sie uns auch erscheinen mögen, können doch falsch und täuschend sein, und sie sind es auch oft. Wo es aber außerhalb der Sinne Wahrnehmungen gibt, sind diese unfehlbar. Für sie gibt es keine äußeren Beweise, aber sie können am veränderten Verhalten und am veränderten Charakter derjenigen abgelesen werden, die die Gegenwart Gottes wirklich im Inneren gefühlt haben. (IV, 102)

Innerer Friede durchs Gebet

Am Anfang glaubte ich weder an Gott noch an das Gebet, und es hat lange gedauert, bis ich so etwas wie eine Leere in meinem Leben zu fühlen begann. Dann aber spürte ich, dass das Gebet ebenso notwendig für die Seele ist wie die Nahrung für den Körper. Tatsächlich ist die Nahrung für den Körper nicht so notwendig wie das Gebet für die Seele. Denn oft ist es notwendig zu fasten, um den Körper gesund zu erhalten. Aber ein gesundes Gebetsfasten ist undenkbar. Man kann sich unmöglich daran überessen. Drei der größten Weltlehrer – Buddha, Jesus, Mohammed – haben ihr unbezweifelbares Zeugnis hinterlassen, dass sie durch das Gebet Erleuchtung fanden und unmöglich ohne es leben konnten. Um es aber noch deutlicher zu sagen: Millionen von Hindus, Muslimen und Christen finden ihren einzigen Trost im Leben im Gebet. Entweder betrachtet ihr sie als Lügner oder als Illusionisten. Wenn das so ist, dann sage ich, dieses Lügen hat einen unwiderstehlichen Zauber für mich, einen Wahrheitssuchenden, wenn man es denn »Lügen« nennen kann, was mir dieser Stecken und Stab im Leben gegeben hat, ohne den ich nicht einen Augenblick leben könnte. Trotz der verzweifelten Situationen, denen ich in meiner politischen Arbeit gegenüberstand, habe ich niemals meinen inneren Frieden verloren. Tatsächlich gibt es Menschen, die mich um diesen Frieden beneiden. Und dieser Friede, das sage ich euch, kommt vom Gebet. (IV, 135)

Die Hindus und ihr »Gott der Götter«

Ich bestreite die Behauptung, dass Hindus an viele Götter glauben und Götzenanbeter sind. Die Hindus sagen zwar, dass es viele Götter gibt, erklären aber auch unmissverständlich, dass es den einen Gott gibt, den Gott der Götter. Daher ist es nicht richtig zu sagen, dass Hindus an viele Götter glauben. Aber sie glauben daran, dass es viele verschiedene Welten gibt. Gerade so wie es eine Menschenwelt und eine Tierwelt gibt, so gibt es auch eine Welt, die von höheren Wesen bevölkert wird, die Götter genannt werden, die wir nicht sehen, die aber doch existieren. Das ganze Missverständnis entsteht durch die Übertragung der Sanskrit-Wörter Deva oder Devta in den europäischen Sprachen, für die es dann keine bessere Übersetzung gibt als Wörter, die »Gott« bedeuten. Aber der eigentliche Gott ist Ishwara, d.h. Devadhideva, der Gott der Götter. So wird das Wort »Gott« zur Bezeichnung verschiedener überirdischer Wesen verwendet. Und daraus ist eine Menge Verwirrung entstanden. Ich bin der Überzeugung, dass ich ein ernsthafter Hindu bin, aber ich glaube nicht an viele Götter. Nicht einmal in meiner Kindheit hatte ich einen solchen Glauben, und niemand hat mich einen solchen Glauben gelehrt. (IV, 107 f.)

Das Wesen Gottes

Für mich ist Gott Wahrheit und Liebe; Er ist Ethik und Moral; Gott ist Furchtlosigkeit. Gott ist die Quelle des Lichts und des Lebens, und doch ist Er über und jenseits von alldem. Gott ist das Gewissen. Er ist sogar der Atheismus des Atheisten, denn in Seiner grenzenlosen Liebe erlaubt Gott dem Atheisten zu leben. Er sucht unser Herz. Er ist jenseits von Sprache und Verstand. Er kennt uns und unsere Herzen besser als wir selbst. Er nimmt uns nicht beim Wort, da Er weiß, dass wir oft nicht meinen, was wir sagen, manche wissend und andere aus Unwissenheit. Er ist ein persönlicher Gott für die, die Seine persönliche Gegenwart brauchen. Er ist verkörpert für die, die Seine Berührung brauchen. Er ist das reinste Wesen und für die, die an Ihn glauben, ist Er einfach da. Er ist alle Dinge für alle Menschen. Er ist in uns, und doch ist Er über uns und jenseits von uns. (IV, 108 f.)

Bad im Ganges

Die *puja* (rituelle Verehrung) war um zwölf Uhr mittags zu Ende, und ich ging in den Kashi-Vishvanath-Tempel zum *darshan* [Anblick der Repräsentation einer Gottheit oder verehrten Persönlichkeit]. Was ich hier erlebte, schmerzte mich zutiefst. Als ich 1891 in Bombay als Barrister tätig war, hatte ich Gelegenheit gehabt, in der Prarthana-Samaj-Halle einen Vortrag über »Pilgern nach Kashi« zu hören. Ich war daher auf ein gewisses Maß an Enttäuschung vorbereitet. Doch die tatsächliche Enttäuschung war größer, als ich erwartet hatte.

Man gelangte durch eine enge und rutschige Gasse zum Tempel. Ruhe gab es dort nirgends. Die Fliegenmassen und der Lärm der Händler und Pilger waren einfach unerträglich.

Wo man eine Atmosphäre der Meditation und Gottsuche erwartet hätte, gab es nichts dergleichen. Man musste sie sich selbst schaffen. Ich bemerkte fromme Frauen, die, in Meditation versunken, nichts von ihrer Umgebung wahrnahmen. Doch das lag in keiner Weise an den Verantwortlichen des Tempels. Die Verantwortlichen sollten dafür sorgen, dass im Tempel eine – im physischen wie moralischen Sinne – reine, schöne und heitere Atmosphäre geschaffen und aufrechterhalten wird. Stattdessen fand ich einen Basar vor, wo gewitzte Händler Süßigkeiten und das neueste Spielzeug verkauften.

Als ich den Tempel betrat, empfing mich gleich am Eingang eine übel riechende Masse verfaulter Blumen. Der Boden war mit erlesenem Marmor gepflastert, den jedoch irgendein Gläubiger ohne Sinn für Ästhetik aufgebrochen und mit Münzen versetzt hatte, an denen sich nun der Schmutz ausgezeichnet festsetzen konnte.

Ich ging zum *Jnana-vapi* (Brunnen der Erkenntnis). Ich suchte hier nach Gott, konnte ihn aber nicht finden. Daher war ich in keiner besonders guten Stimmung. Auch die Umgebung des *Jnana-vapi* fand ich schmutzig vor. Mir war nicht danach, irgendwelche *dakshina* [dem Priester dargebotener Opferlohn] zu geben. So spendete ich einen Pie. Der diensttuende *panda* (Priester) wurde wütend und warf die Münze weg. Er verfluchte mich und rief: »Für diese Beleidigung werden Sie geradewegs in die Hölle kommen.«

Das beunruhigte mich nicht. »Maharaj«, sagte ich, »was immer das Schicksal für mich bereithält – für jemanden Ihres Standes ziemt es sich nicht, so zu reden. Wenn Sie wollen, können Sie diese Münze nehmen, oder Sie werden auch sie noch verlieren.«

»Hauen Sie ab«, erwiderte er. »Ich kümmere mich einen Dreck um Ihre Münze.« Worauf eine weitere Salve von Beschimpfungen folgte.

Ich hob die Münze auf, ging weg und glaubte, dass der Brahmane um einen Pie gekommen sei, ich aber einen gespart hätte. Doch der Maharaj war nicht der Mann, auf einen Pie zu verzichten. Er rief mich zurück und sagte: »Na gut, lassen Sie die Münze hier. Ich will lieber nicht so sein wie Sie. Wenn ich Ihre Münze zurückweise, wird sich das schlecht auf Sie auswirken.«

Wortlos gab ich ihm diese Münze und machte mich mit einem Seufzer davon.

Seitdem bin ich noch zweimal am Kashi-Vishvanath-Tempel gewesen, das war aber bereits zu einer Zeit, als ich mit dem Titel Mahatma geschlagen war und Erfahrungen, wie ich sie oben geschildert habe, unmöglich geworden waren. Leute, die unbedingt meinen *darshan* haben wollten, hinderten mich daran, den *darshan* des Tempels zu erhalten. Nur ein

Mahatma kennt die Leiden eines Mahatma. Im Übrigen waren Schmutz und Lärm genauso stark wie früher.

Wenn jemand an der unendlichen Güte Gottes zweifelt, sollte er sich diese heiligen Stätten anschauen. Wie viel Heuchelei und Gottlosigkeit, die in seinem heiligen Namen begangen werden, muss der Fürst der Yogis noch erleiden? (I, 268 ff.)

Multireligiöser Unterricht auf der Tolstoi-Farm

Der Religionsunterricht stellte ein weiteres schwerwiegendes Problem dar. Ich hätte es gern gesehen, dass die Muslime den Koran und die Parsen das Avesta lesen. Es gab ein Khoja-Kind, dessen Vater mir die Verantwortung auferlegt hatte, es ein kleines Buch dieser Sekte zu lehren. Ich sammelte Bücher über den Islam und Zoroastrismus. Ich arbeitete nach bestem Wissen und Gewissen die grundlegenden Lehren des Hinduismus aus – ich weiß heute nicht mehr, ob für meine eigenen Kinder oder für die Tolstoi-Farmer. […]

Dennoch war dieses Unterrichtsexperiment nicht fruchtlos. Die Kinder wurden vor der Ansteckung durch Intoleranz bewahrt und lernten, andere Religionen und Sitten weitherzig zu respektieren. Sie lernten, wie Blutsbrüder miteinander zu leben. Sie nahmen die Lektionen des gegenseitigen Dienens, der Höflichkeit und des Fleißes in sich auf. (II, 255)

Um Ausgleich zwischen Hindus und Muslimen bemüht, kündigt Gandhi ein Fasten an (1948)

Ich sehne mich nach Herzensfreundschaft zwischen Hindus, Sikhs und Muslimen. Vor ein paar Tagen bestand sie noch. Heute gibt es sie nicht mehr. Es ist ein Zustand, den kein Indischer Patriot, der dieses Namens würdig ist, mit Gleichmut hinnehmen kann.

Obwohl sich die innere Stimme schon seit Langem bemerkbar macht, habe ich ihr gegenüber meine Ohren verschlossen, weil ich fürchtete, es könnte die Stimme Satans sein – mit anderen Worten, die Stimme meiner Schwäche. Ich mag nicht hilflos sein; ein Satyagrahi sollte dies niemals sein. Fasten ist sein letzter Ausweg anstelle des Schwerts – seines oder das anderer.

[…] Ich hatte das Gefühl, dass ich die Entscheidung allein mit Gott als meinem höchsten und einzigen Ratgeber treffen musste. […] Wenn ganz Indien reagiert oder zumindest Delhi, könnte das Fasten bald zu Ende sein.

Aber unabhängig davon, ob es sofort oder niemals endet, so darf es doch keine Nachsicht bei der Behandlung dessen geben, was eine Krise genannt werden muss. Kritiker haben einige meiner früheren Fasten als Druckmittel bezeichnet und behauptet, das Urteil wäre ohne diesen Druck eher zu meinen Ungunsten ausgefallen.

Welchen Wert kann ein negatives Urteil haben, wenn die Absicht nachweislich vernünftig ist? Reines Fasten ist, wie jede Pflichterfüllung, seine eigene Belohnung. Ich unternehme es nicht um des Ergebnisses willen, das es erbringen mag. Ich tue es, weil ich es tun muss. Daher rate ich jedem, den Zweck leidenschaftslos zu prüfen und mich nötigenfalls in Frieden, der, wie ich hoffe, gesichert ist, sterben zu lassen. Der Tod wäre für mich weit eher eine wunderbare Erlösung, als dass ich ein hilfloser Zeuge der Zerstörung Indiens sowie des Hinduismus, des Sikhismus und des Islam würde. Diese Zerstörung ist gewiss, wenn Pakistan nicht die Gleichheit des Rangs und die Sicherheit von Leben und Eigentum all derer, die sich zu den verschiedenen Glaubensrichtungen der Welt bekennen, gewährleistet und Indien es darin nachahmt. Der Islam stirbt dann nur in den beiden Indien, nicht in der Welt. Doch der Hinduismus und der Sikhismus sind nur in Indien beheimatet. Ich ehre diejenigen, die eine andere Meinung vertreten als ich, für ihren Widerstand, auch wenn er erbittert ist. Lasst mein Fasten das Gewissen erwecken, nicht abtöten. (IV, 91 ff.)

Standhaftigkeit im Glauben: Gandhi riskiert das Leben seines Sohnes

Obwohl ich Kanzleiräume im Fort und ein Haus in Girgaum gemietet hatte, wollte Gott nicht, dass ich mich endgültig niederließ. Ich hatte kaum mein neues Haus bezogen, als mein zweiter Sohn Manilal, der einige Jahre zuvor schon eine bedrohliche Pockenerkrankung überstanden hatte, einen schweren Typhusanfall erlitt, wozu noch eine Lungenentzündung mit nächtlichen Deliriumszuständen kam.

Der Arzt wurde gerufen. Er sagte, Medizin werde wenig wirken, doch Eier und Hühnerbrühe könnten guttun.

Manilal war erst zehn Jahre alt. Es kam nicht in Betracht, ihn nach seiner Meinung zu fragen. Als sein Erziehungsberechtigter musste ich entscheiden. Der Arzt war Parse und sehr tüchtig. Ich sagte ihm, wir seien alle Vegetarier, ich könne meinem Sohn deshalb unmöglich sowohl das eine als das andere geben. Ob er etwas anders empfehlen könne?

»Das Leben Ihres Sohnes ist in Gefahr«, sagte der gute Doktor. »Wir könnten ihm mit Wasser verdünnte Milch geben, aber die wird ihm nicht genügend Nährstoffe zuführen. Wie Sie wissen, werde ich von vielen Hindu-Familien konsultiert; sie haben noch nie etwas, was ich empfohlen habe, abgelehnt. Meiner Meinung nach sind Sie wohlberaten, wenn Sie bei Ihrem Sohn nicht zu streng verfahren.«

»Was Sie sagen, ist völlig richtig«, erwiderte ich. »Als Arzt haben Sie keine andere Wahl. Meine Verantwortung jedoch ist sehr groß. Wäre der Junge erwachsen, hätte ich ganz bestimmt seine Wünsche erfragt und mich nach ihnen gerichtet. Doch in diesem Fall muss ich für ihn denken und entscheiden. Meiner Meinung nach wird der Glaube eines Menschen nur bei solchen Gelegenheiten auf die Probe gestellt. Ob es nun richtig oder falsch ist – es gehört zu meinen religiösen Überzeugungen, dass der Mensch Fleisch, Eier und dergleichen nicht essen darf. Auch für die Mittel, die uns am Leben erhalten, sollte es Beschränkungen geben. [...] Da ich von der Behandlung, die Sie vorschlugen, keinen Gebrauch machen kann, möchte ich es mit einem Wasserheilverfahren versuchen, das ich zufällig kenne. Ich weiß jedoch nicht, wie man korrekt den Puls des Jungen misst, seine Brust, seine Lungen abhört usw. Ich wäre Ihnen sehr dankbar, wenn Sie freundlicherweise von Zeit zu Zeit vorbeischauen könnten, um ihn zu untersuchen und mich über seinen Zustand auf dem Laufenden zu halten.«

[...] Ich kannte Kuhnes Heilverfahren und hatte es auch schon angewandt. Ich wusste außerdem, dass man auch durch Fasten gewisse Erfolge erzielen konnte. Daher begann ich, Manilal die von Kuhne empfohlenen Sitzbäder zuzubereiten, wobei ich ihn nie länger als drei Minuten in der Wanne ließ. Außerdem ernährte ich ihn drei Tage lang mit Orangensaft, den ich mit Wasser verdünnte.

Doch das Fieber hielt an und stieg sogar auf 104 Grad Fahrenheit. Nachts delirierte er. Ich fing an, mir Sorgen zu machen. Was würden die Leute von mir sagen? Was würde mein älterer Bruder von mir denken? Warum nicht einen anderen Arzt rufen? Sollten wir nicht einen ayurvedischen Heilkundigen holen? Welches Recht hatten Eltern, ihren Kindern ihre Vorstellungen aufzuzwingen?

Diese und andere Fragen plagten mich. Dann überkamen mich Gedanken, die genau entgegengesetzt waren. Gott würde es sicherlich gutheißen, dass ich meinem Sohn die gleiche Behandlung zukommen ließ, die ich mir selbst verordnen würde. [...] Der Lebensfaden lag in der Hand Gottes. Warum sollte ich die Entscheidung nicht Ihm überlassen und in Seinem Namen mit der Behandlung fortfahren, die ich für richtig hielt?

Ich wurde zwischen diesen widerstreitenden Gedanken hin- und hergerissen. Es war Nacht. Ich lag neben Manilal im Bett. Ich beschloss, ihn in feuchte Tücher zu packen. Ich stand auf, tränkte ein Leintuch in Wasser, wrang es aus und wickelte Manilal so darin ein, dass nur der Kopf frei blieb; dann breitete ich zwei Decken über ihn. Auf den Kopf legte ich ein Handtuch. Sein ganzer Körper glühte wie heißes Eisen und war dabei ganz trocken. Er schwitzte überhaupt nicht.

Ich war unendlich müde. Um mich zu erfrischen, überließ ich Manilal der Obhut seiner Mutter und lief ein Stück die Chaupati-Promenade entlang. Es war gegen zehn Uhr. Nur wenige Fußgänger waren noch unterwegs. Tief in Gedanken versunken beachtete ich sie kaum. »Meine Ehre liegt in Deiner Hand, Herr, in dieser Stunde der Prüfung«, wiederholte ich immer wieder. Ich sprach das Ramanama. Nach kurzer Zeit kehrte ich mit klopfendem Herzen nach Hause zurück.

Kaum hatte ich den Raum betreten, sagte Manilal: »Bist du wieder da, Bapu?«

»Ja, mein Lieber.«

»Bitte wickle mich aus. Ich glühe.«

»Schwitzt du, mein Junge?«

»Ich bin vollkommen nass. Decke mich doch bitte auf.«

Ich fühlte seine Stirn. Sie war mit Schweißperlen bedeckt. Das Fieber sank. Ich dankte Gott.

»Manilal, dein Fieber wird jetzt bald verschwinden. Schwitz noch ein wenig, dann decke ich dich auf.«

[…] Heute ist Manilal der gesündeste meiner Söhne. Wer will sagen, ob seine Genesung die Gnade Gottes, der Hydropathie oder der sorgfältigen Diät und Pflege zuzuschreiben ist? Das mag ein jeder nach seiner Überzeugung entscheiden. Ich jedenfalls war gewiss, dass Gott meine Ehre gerettet hat, und das glaube ich noch heute. (I, 274-277)

Der Islam, eine Religion des Friedens

Ich betrachte den Islam als eine Religion des Friedens in demselben Sinn wie das Christentum, den Buddhismus und den Hinduismus. Kein Zweifel, es gibt dabei graduelle Unterschiede, aber das Ziel dieser Religionen ist Frieden. Ich kenne die Textstellen, die man aus dem Koran für das Gegenteil zitieren kann. Aber genauso ist es möglich, Textstellen aus den Veden für das Gegenteil zu zitieren. […] Meiner Ansicht nach sind die Anhänger des Islam mit dem Schwert zu schnell bei der Hand. Doch das ist nicht der Lehre des Koran zuzuschreiben. Das ist meines Erachtens dem Umfeld zuzuschreiben, in dem der Islam entstanden ist. Das Christentum hat eine blutige Geschichte gegen sich, nicht etwa, weil Jesus unzulänglich war, sondern weil das Umfeld, in dem es sich verbreitete, seiner erhabenen Lehre gegenüber nicht aufgeschlossen war.

Christentum und Islam sind beide schließlich noch junge Religionen. Sie sind noch dabei, interpretiert zu werden. Ich weise den Anspruch der *maulvis* zurück, die Botschaft Mohammeds abschließend zu interpretieren, wie ich auch den Anspruch des christlichen Klerus zurückweise, die Botschaft Jesu abschließend zu interpretieren. Beide werden durch das Leben derer interpretiert, die diese Botschaften in der Stille und in völliger Selbsthingabe leben. Religion ist kein Geschrei und auch kein enormes, in geräumigen Gehirnen gespeichertes Wissen. Der Sitz der Religion ist das Herz. Wir Hindus, Christen, Muslime und andere müssen die Interpretationen unserer jeweiligen Glaubensbekenntnisse mit unserem roten Blut schreiben und nicht anders. (IV, 163)

Ich halte es für falsch, Gewissheiten in einer Welt zu erwarten, in der alles ungewiss ist, ausgenommen nur Gott, der die Wahrheit ist. Alles, was mit und um uns erscheint und geschieht, ist ungewiss, vergänglich. In allem aber ist ein Höchstes Wesen als Gewissheit verborgen, und man wäre gesegnet, könnte man einen flüchtigen Blick auf diese Gewissheit erlangen und sein Streben auf sie ausrichten. Die Suche nach dieser Wahrheit ist das *summum bonum* des Lebens. (I, 279)

Religiöse Extremisten

Mein unausgesprochener Glaube an die Gewaltfreiheit bedeutet, Minderheiten, sofern sie wirklich schwach sind, nachzugeben. Der beste Weg, religiöse Extremisten zu schwächen, besteht darin, ihnen nachzugeben. Widerstand wird nur ihr Misstrauen wachrufen und ihre Gegnerschaft stärken. (IV, 367)

Ernährung und Gesundheit

Gandhi kostet zum ersten Mal (und verbotenerweise) Fleisch

Als ich diesem Freund zum ersten Mal begegnete, ging eine »Reform«-Welle über Rajkot hinweg. Von ihm erfuhr ich, dass einige unserer Lehrer heimlich Fleisch und Wein zu sich nahmen. Er nannte auch viele allgemein angesehene Personen in Rajkot, die das ebenfalls taten. Es sollten darunter auch einige Jungen aus der höheren Schule sein.

Ich war überrascht und unangenehm berührt. Ich fragte meinen Freund, warum sie das täten, und er erklärte es mir folgendermaßen: »Wir sind ein schwaches Volk, weil wir kein Fleisch essen. Die Engländer können über uns herrschen, weil sie Fleischesser sind. Du weißt, wie gesund ich bin und wie gut ich laufen kann. Das kommt daher, dass ich Fleisch esse. Fleischesser haben keine Furunkel oder Geschwülste, und sollten sie doch einmal welche bekommen, heilen sie schnell. Unsere Lehrer und andere hervorragende Leute, die Fleisch essen, sind keine Dummköpfe. Sie kennen seine guten Wirkungen. Du solltest das ebenfalls tun. Es geht nichts über einen Versuch. Versuch es und erlebe selbst, wie stark es macht.«

Alle diese Gründe für den Fleischverzehr wurden nicht nur bei einer einzigen Gelegenheit vorgebracht. Sie waren die Kernpunkte einer langen und ausgeklügelten Beweisführung, mit der mein Freund mich immer wieder zu überzeugen versuchte. Mein älterer Bruder war bereits schwach geworden. Er unterstützte daher die Argumente meines Freundes. Zweifellos wirkte ich neben meinem Bruder und meinem Freund schwächlich. Sie waren beide robuster, körperlich stärker und wagemutiger. Die Großtaten meines Freundes faszinierten mich. Er könnte lange Strecken laufen, und zwar ungewöhnlich schnell. Er war ein talentierter Hoch- und Weitspringer. Er könnte auch schwere körperliche Strafen einstecken. […] Warum sollte ich nicht genauso stark wie er werden?

Außerdem war ich ein Feigling. Ich fürchtete mich vor Dieben, Geistern und Schlangen. Ich traute mich nachts nicht vor die Tür. Dunkelheit verursachte mir schreckliche Angst. Es war mir nahezu unmöglich, im Dunkeln zu schlafen, weil ich mir einbildete, es würden sich Gespenster von der einen Seite, Diebe von der anderen und Schlangen von einer dritten nähern. Ich könnte daher nur bei Licht schlafen. Wie könnte ich diese Ängste meiner Frau gestehen, die neben mir schlief und kein Kind mehr war, sondern eine angehende junge Frau? Ich wusste, dass sie mutiger war als ich, und schämte mich. Sie ging im Dunkeln überall hin. Mein Freund wusste von all diesen Schwächen.

Er behauptete, er könne lebende Schlangen anfassen und Dieben trotzen; an Geister glaube er nicht. Und all das kam natürlich daher, dass er Fleisch verzehrte.

Folgender Vers des Gujarati-Dichters Narmad ging bei uns Schuljungen um:

Schau dir den starken Briten an,
regiert die Inder schwach und klein,
das kommt vom Fleisch in seinem Topf
fünf Ellen bringt's ihm ein.

Das alles hatte auf mich die entsprechende Wirkung. Ich war besiegt. Ich war immer mehr davon überzeugt, dass Genuss von Fleisch etwas Gutes sei und mich stark und wagemutig machen würde und dass wir außerdem die Engländer besiegen könnten, wenn alle im Land Fleisch essen würden.

Daraufhin wurde ein Tag festgelegt, an dem mit dem Experiment begonnen werden sollte. Es musste im Geheimen geschehen. Die Gandhis waren Vishnu-Anhänger, und meine Eltern waren besonders strikte Vertreter. [...]

So kam der Tag. Ich kann meine Verfassung nur schwer beschreiben. [...] Wir machten uns auf die Suche nach einem einsamen Platz am Fluss, und dort sah ich zum ersten Mal in meinem Leben Fleisch. Es gab auch Brot vom Bäcker. Ich mochte beides nicht. Das Ziegenfleisch war zäh wie Leder, ich konnte es einfach nicht hinunterschlucken. Mir wurde übel, und ich musste mit dem Essen aufhören.

Danach hatte ich eine schlechte Nacht. Ein furchtbarer Albtraum quälte mich. Jedes Mal, wenn ich gerade eingeschlafen war, meinte ich, eine lebendige Ziege in mir meckern zu hören, und schreckte voller Schuldgefühle hoch. (I, 34 ff.)

Im englischen Umfeld Vegetarier bleiben

Ein englischer Passagier [Überfahrt von Bombay nach Southampton, 1888] nahm sich meiner an und zog mich in eine Unterhaltung. [...] Er lachte über meine Entschlossenheit, auf Fleisch zu verzichten, und als wir im Roten Meer waren, meinte er sehr freundlich: »Bisher ist das gut und schön, aber im Golf von Biskaya werden Sie Ihren Entschluss revidieren müssen. Und in England ist es so kalt, dass man da unmöglich ohne Fleisch leben kann.«

»Ich habe aber gehört, dass man dort leben kann, ohne Fleisch zu essen.«

»Glauben Sie mir, das stimmt nicht«, erwiderte er. »Soweit ich weiß, sind dort alle Fleischesser. Fällt Ihnen nicht auf, dass ich Sie nicht auffordere, Alkohol zu konsumieren, obwohl ich selbst welchen trinke? Fleisch jedoch sollten Sie meiner Meinung nach zu sich nehmen, weil man ohne es nicht leben kann.«

»Ich danke Ihnen für Ihren freundlichen Rat, aber ich habe meiner Mutter feierlich versprochen, kein Fleisch anzurühren, und kann deshalb auf keinen Fall welches zu mir nehmen. Sollte es sich herausstellen, dass ich ohne es nicht auskommen kann, werde ich eher nach Indien zurückkehren, als Fleisch zu essen, um dort zu bleiben.«

Wir erreichten den Golf von Biskaya, aber ich verspürte keinerlei Bedürfnis nach Fleisch und auch nicht nach Alkohol. Man hatte mir geraten, Bescheinigungen darüber zu sammeln, dass ich bei fleischloser Kost geblieben war, und so bat ich meinen englischen Bekannten, mir eine solche auszustellen. Er tat das mit Vergnügen, und ich hob das Schreiben eine Zeit lang auf. Als ich aber später feststellte, dass man eine solche Bescheinigung auch als Fleischesser bekommen konnte, verlor sie jeden Wert für mich. Wenn man meinem Wort nicht glaubte, was nützte es da, eine solche Bescheinigung zu besitzen? (I, 59 f.)

Beginn der vielen Ernährungsexperimente

Es gab in England eine Vegetarische Gesellschaft mit einer eigenen wöchentlich erscheinenden Zeitschrift. Ich abonnierte diese Zeitschrift, trat der Gesellschaft bei und war schon bald Mitglied im Vorstand. Hier kam ich mit Personen in Berührung, die als Säulen des Vegetarismus galten. Ich begann nun auch mit eigenen Ernährungsexperimenten.

Ich hörte auf, die Süßigkeiten und Gewürze zu essen, die man mir von daheim geschickt hatte. Mit der geistigen Neuausrichtung schwand meine Vorliebe für gewürzte Speisen, und ich genoss jetzt den gedünsteten Spinat, den ich in Richmond wegen der fehlenden Gewürze so fade gefunden hatte. Eine Reihe ähnlicher Experimente lehrte mich, dass der eigentliche Sitz des Geschmacks nicht die Zunge, sondern der Geist ist.

Die ökonomische Seite war mir natürlich immer präsent. Es gab damals eine Richtung, die Tee und Kaffee für schädlich hielt und deshalb Kakao empfahl. Und da ich davon überzeugt war, man solle nur zu sich nehmen, was dem Körper zuträglich ist, gab ich den regelmäßigen Konsum von Tee und Kaffee auf und trank stattdessen Kakao.

[…] Neben diesem zentralen Experiment gab es noch eine Reihe kleinerer. Einmal zum Beispiel gab ich stärkehaltige Nahrung auf, ein anderes Mal ernährte ich mich ausschließlich von Brot und Früchten und dann wieder nur von Käse, Milch und Eiern. Es dauerte nicht einmal zwei Wochen. Der Reformer, der sich für stärkefreie Nahrung einsetzte, hatte Eier in höchsten Tönen gelobt und die Ansicht vertreten, Eier seien kein Fleisch. Es sei offensichtlich, dass kein Lebewesen Schaden nähme, wenn man Eier verzehrt. Dieses Argument überzeugte mich, und ich aß trotz meines Gelübdes Eier. Es handelte sich jedoch nur um einen vorübergehenden Fehltritt. Es war nicht an mir, das Gelübde neu auszulegen. Für mich bindend war die Auslegung meiner Mutter, die mir das Gelübde abgenommen hatte. Ich wusste, dass nach ihrer Definition Eier unter die Kategorie Fleisch fielen. Als mir dann die eigentliche Bedeutung des Gelübdes aufging, aß ich keine Eier mehr und beendete damit auch dieses Experiment. (I, 74 f.)

Respekt vor allem Leben

Für mich ist das Leben eines Lamms nicht weniger wertvoll als das eines Menschen. Ich wäre nicht bereit, dem leiblichen Bedürfnis zuliebe das Leben eines

Lamms zu opfern. Je hilfloser ein Geschöpf ist, umso mehr Anspruch hat es nach meiner Überzeugung darauf, vom Menschen vor der Grausamkeit des Menschen geschützt zu werden. (I, 262)

Fasten zur Selbstdisziplin und als Buße

Ich war eifrig bemüht, Brahmacharya in Gedanken, Worten und Taten zu üben, aber auch, so viel Zeit wie möglich dem Satyagraha-Kampf zu widmen und meine Eignung dazu durch zunehmende Reinheit zu erhöhen. Das veranlasste mich zu weiteren Veränderungen und zu größeren Einschränkungen bei meiner Ernährung. Die früheren Veränderungen waren überwiegend aus gesundheitlichen Gründen erfolgt, doch die neuen Experimente unternahm ich nun von einem religiösen Standpunkt aus.

Fasten und Beschränkung der Nahrung spielten von nun an eine wichtigere Rolle in meinem Leben. Im Allgemeinen besteht beim Menschen neben der Leidenschaft auch ein Verlangen nach Gaumenfreuden. So war es auch bei mir. Ich stieß beim Versuch, beides – die Leidenschaft und den Geschmackssinn – zu zügeln, auf viele Schwierigkeiten, und ich kann auch heute noch nicht behaupten, sie vollständig unter Kontrolle gebracht zu haben. Ich betrachtete mich als starken Esser. […]

Da ich mir meiner Schwäche bewusst war und unerwartet auf geistesverwandte Mitmenschen stieß, fing ich damit an, am *ekadashi*-Tag (der elfte lunare Tag nach Vollmond) ausschließlich Früchte zu essen oder ganz zu fasten und auch *janmashtami* [Fest der Geburt des Gottes Krishna] und ähnliche Feiertage einzuhalten.

Ich begann mit einer Obstdiät, doch unter dem Gesichtspunkt der Selbstdisziplin fand ich keinen großen Unterschied zwischen einer Ernährung, die aus Obst, und einer, die aus Getreideprodukten bestand. Ich stellte fest, dass man im einen wie im anderen Fall den Geschmackssinn befriedigen konnte und dass dies noch besser gelang, wenn man sich einmal daran gewöhnt hatte. Deshalb legte ich zunehmend mehr Wert darauf, an Feiertagen zu fasten oder nur eine Mahlzeit zu mir zu nehmen. Und wenn sich ein Anlass zu Buße oder Ähnlichem ergab, nutzte ich ihn ebenfalls gerne zum Fasten. (I, 349 f.)

Fasten und verwandte Praktiken sind Mittel, um Selbstdisziplin zu erreichen, aber sie reichen für sich genommen nicht aus. Wenn körperliches Fasten nicht mit geistigem Fasten einhergeht, wird es in Heuchelei und Unheil enden. (I, 363)

Als ich mich einmal in Johannesburg aufhielt, erreichte mich die Nachricht vom moralischen Vergehen zweier Ashram-Bewohner. […] diese Nachricht traf mich wie ein Blitzschlag. Noch am gleichen Tag fuhr ich nach Phoenix. […] Während der Reise wurde mir klar, was ich zu tun hatte. Ich vertrat die Ansicht, ein Vormund oder Lehrer sei – jedenfalls bis zu einem gewissen Grad – für den Fehltritt seines Mündels oder Schülers verantwortlich. Meine Verantwortung im betreffenden Fall kam mir in aller Deutlichkeit zu Bewusstsein. Meine Frau hatte mich vor so etwas bereits gewarnt; da ich jedoch ein vertrauensseliger Mensch war, hatte ich die Warnung nicht beachtet. Ich fühlte, dass der einzige Weg, die schuldigen Parteien dazu zu bringen, meine Verzweiflung und die Schwere ihres Sündenfalls zu erkennen, darin bestand, meinerseits irgendeine Buße zu tun. So erlegte ich mir ein siebentägiges Fasten auf und gelobte, für eine Zeitspanne von viereinhalb Monaten nur eine Mahlzeit am Tag einzunehmen. […]

Ich war sehr erleichtert, denn die Entscheidung befreite mich von einer schweren Last. Der Zorn auf die Schuldigen legte sich und wich reinstem Mitleid mit ihnen. So traf ich sehr viel entspannter in Phoenix ein. Ich stellte weitere Nachforschungen an und erfuhr einige Details, die ich wissen musste.

Meine Buße schmerzte alle, doch sie reinigte die Atmosphäre. Jeder begriff, was für eine schreckliche

Sache es ist, sündig zu sein, und das Band, das mich mit den Mädchen und Jungen verband, wurde stärker und wahrhaftiger. (I, 372 f.)

Von Wasser, Erde und anderen von Gandhi erprobten Heilmitteln

Mit zunehmender Vereinfachung meines Lebens wuchs meine Abneigung gegen Medikamente. Während ich in Durban tätig war, litt ich zeitweise an Schwäche und rheumatischen Entzündungen. Dr. P. J. Mehta, der mich besucht hatte, behandelte mich, und ich wurde wieder gesund. Ich erinnere mich nicht, dass ich danach bis zum Zeitpunkt meiner Rückkehr nach Indien eine nennenswerte Krankheit gehabt hätte.

In Johannesburg litt ich jedoch öfters an Verstopfung und Kopfschmerzen. Ich half mir mit der gelegentlichen Einnahme von Abführmitteln und einer streng geregelten Diät. Aber ich konnte mich nicht wirklich gesund nennen und fragte mich, wann ich wohl von diesen lästigen Laxativen befreit würde.

In dieser Zeit las ich von der Gründung der »Kein-Frühstück-Vereinigung« in Manchester. Die Gründer argumentierten, dass die Engländer zu oft und zu viel äßen, dass ihre Arztrechnungen deshalb so hoch seien, weil sie bis Mitternacht speisten, und dass sie zumindest das Frühstück aufgeben sollten, wenn sie diesen Zustand verbessern wollten. Obwohl nicht alle diese Punkte auf mich zutrafen, galt meiner Meinung nach doch auch einiges für mich. Ich pflegte täglich drei reichliche Mahlzeiten einzunehmen, dazu kam der Nachmittagstee. Ich war nie ein sparsamer Esser gewesen und gestattete mir so viele Leckerbissen wie bei einer vegetarischen und gewürzlosen Ernährung nur möglich. Ich stand selten vor sechs oder sieben Uhr auf. Daher hoffte ich, meine Kopfschmerzen loswerden zu können, wenn auch ich das Frühstück ausließe. So unternahm ich das Experiment. Einige Tage lang fiel es mir ziemlich schwer, doch die Kopfschmerzen verschwanden völlig. Das brachte mich zu dem Schluss, dass ich mehr aß, als ich benötigte.

Allerdings heilte mich die Veränderung keineswegs von meiner Verstopfung. Ich versuchte es mit Kuhnes Sitzbädern, die mir etwas Erleichterung verschafften, mich aber nicht vollständig kurierten. In der Zwischenzeit gab mir der Deutsche, der das vegetarische Restaurant betrieb, oder ein anderer Freund – ich habe vergessen, wer es war – Justs *Return to Nature* in die Hand. Darin las ich über Behandlungen mit Erde. Der Verfasser propagierte auch frisches Obst und Nüsse als die natürliche Ernährung des Menschen. Ich ging nicht auf der Stelle zur ausschließlichen Obstdiät über, begann aber sofort mit der Anwendung von Erde zu experimentieren und erzielte wunderbare Ergebnisse. Die Behandlung bestand darin, einen Umschlag aus sauberer Erde, mit kaltem Wasser angefeuchtet und wie eine Breipackung auf feines Leinen gestrichen, auf den Unterleib zu legen. Ich machte ihn mir abends vor dem Zubettgehen und nahm ihn nachts oder gegen Morgen – wann immer ich aufwachte – ab. Das brachte eine vollständige Heilung. […] (I, 295 f.)

Tabak und Rauchen

Seit ich erwachsen bin, habe ich nie das Bedürfnis verspürt zu rauchen und das Rauchen immer für eine barbarische, schmutzige Angewohnheit gehalten. Ich habe nie verstehen können, warum alle Welt so versessen aufs Rauchen ist. Es ist mir unerträglich, in einem mit Rauchern gefüllten Abteil zu reisen. Ich meine zu ersticken. (I, 42)

Tabak hat der Menschheit schweren Schaden zugefügt. Wenige haben sich aus dem Netz wieder befreien können, nachdem sie sich einmal darin verfangen hatten. Der Gebrauch von Tabak ist auf der ganzen Welt in der einen oder anderen Form verbreitet. Tolstoi hat ihn das schlimmste Rauschmittel von allen genannt.

Ein solches Urteil aus dem Mund dieses großen Mannes verdient unsere Aufmerksamkeit und unsere Achtung. Er hatte in seinen jungen Jahren große Mengen Tabak und Alkohol konsumiert und kannte die schädlichen Wirkungen von beiden. Ich muss jedoch bekennen, dass ich trotzdem nicht mit der gleichen Autorität und Sachkenntnis wie im Fall von Alkohol und Opium zu sprechen vermag. Dennoch kann ich mit Bestimmtheit sagen, dass ich keinen einzigen Vorteil erkenne, der sich aus dem Gebrauch von Tabak ergeben würde. Rauchen ist eine kostspielige Angelegenheit. [...]

Raucher werden gegenüber den Empfindungen anderer gefühl- und rücksichtslos. [...]

Tabakraucher haben einen schlechten Mundgeruch. [...]

In Indien benutzt man Tabak zum Rauchen, Schnupfen und auch zum Kauen. [...]

Was das Kauen angeht, so ist das die schmutzigste der drei Verwendungsarten von Tabak. Ich habe die Behauptung, es sei nützlich, immer schon für reine Einbildung gehalten. Ich sehe keinen Grund, meine Meinung zu ändern. Es gibt ein populäres Gujarati-Sprichwort: »Alle drei sind gleich schuldig – wer raucht, verpestet sein Haus mit Rauch, wer kaut, verschmutzt alle Ecken, und wer schnupft, seine Kleider.«

(III, 335 f.)

Alkoholgenuss

Möglicherweise haben andere Öffentlichkeitsarbeiter nicht die gleichen bitteren Erfahrungen wie ich mit dem Übel der Trunksucht gemacht. Die meisten Inder in Südafrika, die als Kontraktarbeiter ins Land kamen, waren dem Alkohol verfallen. Nach dortigem Recht war es zu meiner Zeit Indern nicht erlaubt, alkoholische Getränke mit nach Hause zu nehmen, es sei denn, sie hatten ein ärztliches Attest. Sie konnten aber Schnapsbuden aufsuchen und dort so viel trinken, wie sie wollten. Selbst die Frauen hatten sich diese schlimme Gewohnheit zu eigen gemacht. Ich habe sie im jämmerlichsten Zustand erlebt. Wer einmal solche Szenen im Umkreis der öffentlichen Bars gesehen hat, wird den Genuss von Alkohol nie befürworten.

Die afrikanischen Schwarzen waren ursprünglich keine Trinker. Man kann sagen, dass der Alkohol sie ganz einfach zugrunde gerichtet hat. Man trifft eine große Zahl schwarzer Arbeiter, die ihren ganzen Lohn für Alkohol ausgeben und ein völlig freudloses Leben führen.

Und wie steht es um die Engländer? Ich habe ehrbare Engländer gesehen, die unter Alkoholeinfluss in den Rinnstein fielen. Das ist keine Übertreibung. [...]

Nach meiner Rückkehr aus Südafrika machte ich ähnliche schmerzliche Erfahrungen mit dem Übel der Trunksucht in Indien. Mehrere Fürsten wurden und werden durch Alkohol ruiniert. Was für sie gilt, gilt mehr oder weniger auch für viele reiche Jugendliche. Auch die Lebensbedingungen der Arbeiter, die Alkohol trinken, sind erbärmlich. Dass ich aufgrund solcher bitteren Erfahrungen ein überzeugter Alkoholgegner wurde, wird die Leser nicht verwundern.

Kurz gesagt: Alkohol richtet einen Menschen physisch, moralisch, geistig und ökonomisch zugrunde.

(III, 333)

Ansichten und Beobachtungen

Gesunder Geist in gesundem Körper

[Der Schuldirektor] hatte für die Schüler der oberen Klassen Turnen und Kricket zu Pflichtfächern erklärt. Ich mochte beides nicht. Bevor sie obligatorisch wurden, hatte ich nie an irgendwelchen Turnübungen, Kricket- oder Fußballspielen teilgenommen. Einer der Gründe für mein Fernbleiben – das ich heute für falsch halte – war meine Schüchternheit. Damals war ich der irrigen Auffassung, dass Turnen nichts mit Bildung zu tun habe. Heute weiß ich, dass im Lehrplan körperliche Übungen einen ebenso breiten Raum einnehmen sollten wie geistige.

Ich sollte jedoch erwähnen, dass es mir nicht geschadet hat, keinen Sport getrieben zu haben, und zwar deshalb: Ich hatte gelesen, wie gut ausgedehnte Spaziergänge an der frischen Luft seien, und hatte es mir, da mir diese Empfehlung zusagte, angewöhnt, viel zu Fuß zu gehen. Die Gewohnheit habe ich bis heute beibehalten. Diese Spaziergänge haben mir eine ziemlich robuste Konstitution verschafft. (I, 29 f.)

Modernes Frauenbild

Ich […] begriff, dass die Frau nicht die Sklavin des Ehemanns ist, sondern seine Begleiterin und Gefährtin, seine gleichgestellte Partnerin in allen Freuden und Leiden, die ebenso wie der Mann ihren Weg wählen kann. (I, 40)

Brahmacharya

Brahmacharya bedeutet Beherrschung der Sinne in Gedanken, Worten und Taten. Mit jedem Tag ist mir die Notwendigkeit von Einschränkungen […] deutlicher geworden. Die Möglichkeiten des Verzichts sind unbegrenzt, genauso wie die Möglichkeiten des Brahmacharya. Mit begrenztem Bemühen lässt sich Brahmacharya auf keinen Fall erreichen. Für viele muss es ein bloßes Ideal bleiben. Wer nach Brahmacharya strebt, wird sich immer seiner Unzulänglichkeiten bewusst sein, er wird die Leidenschaften aufspüren, die sich in den innersten Winkeln seines Herzens verbergen, und unablässig danach trachten, sich von ihnen zu befreien. Solange das Denken dem Willen nicht völlig untergeordnet ist, ist Brahmacharya noch nicht vollständig erreicht. (I, 234)

Gandhi als Geburtshelfer

Meine Frau und ich hatten beschlossen, für die Zeit ihrer Niederkunft die beste medizinische Hilfe in Anspruch zu nehmen, doch was sollte ich tun, wenn uns der Arzt und die Krankenschwester im entscheidenden Augenblick im Stich ließen? Außerdem musste die Schwester eine Inderin sein. Die Schwierigkeit, in Südafrika eine ausgebildete indische Schwester zu bekommen, kann man sich leicht vorstellen, wenn man die vergleichbaren Verhältnisse in Indien kennt. So brachte ich mir selbst bei, was man für eine sichere Geburt wissen muss. Ich las Dr. Tribhuvandas' Buch *Ma-ne Shikhaman* (»Ratgeber für eine Mutter«) und versorgte meine beiden Kinder so, wie in diesem Buch beschrieben, wobei ich gelegentlich auch anderweitig erworbene Erfahrungen heranzog. Wir stellten auch eine Schwester ein, allerdings nie länger als zwei Monate. Sie half in erster Linie meiner Frau und war weniger für die Pflege der Säuglinge zuständig, die ich selbst übernahm.

Die Geburt des letzten Kindes stellte mich auf die härteste Probe. Die Wehen setzten ganz plötzlich ein. Der Arzt war nicht sofort erreichbar, und es verging ziemlich viel Zeit, bis die Hebamme herbeigeholt war, doch selbst wenn sie an Ort und Stelle gewesen wäre, hätte sie bei der Entbindung nicht helfen können. Ich musste für die sichere Geburt sorgen. Dass ich

Dr. Tribhuvandas' Buch so sorgfältig gelesen hatte, war von unschätzbarem Wert. Ich war nicht nervös.

(I, 227 f.)

Schwarze und Europäer

Vor der Ankunft der europäischen Zivilisation trugen die Schwarzen gewöhnlich Tierfelle, die ihnen zugleich als Teppiche, Betttücher und Bettdecken dienten. Heutzutage benützen sie Stoffdecken. Vor der britischen Herrschaft liefen sowohl Männer wie Frauen nahezu nackt herum. Selbst heute machen das viele auf dem Land. Sie bedecken ihre Geschlechtsteile mit einem Stück Fell. Manche halten selbst das für überflüssig. Doch sollte niemand daraus schließen, dass diese Menschen ihre Sinne nicht beherrschen können. Wo eine große Gemeinschaft einer bestimmten Sitte folgt, ist es durchaus möglich, dass diese Sitte harmlos ist, selbst wenn sie den Mitgliedern einer anderen Gemeinschaft als höchst ungehörig gilt. Diese Schwarzen haben keine Zeit, sich gegenseitig anzustarren. Als Shukadeva, so erzählt uns der Autor des *Bhagawatapurana*, an nackt badenden Frauen vorbeikam, war sein Geist in keiner Weise verwirrt, und auch die Frauen waren nicht im Mindesten erregt oder von Scham erfüllt. Ich denke, es ist nichts Übernatürliches an diesem Bericht. Selbst wenn es heute in Indien niemanden gibt, der bei einer ähnlichen Gelegenheit ebenso rein bleibt, so setzt das doch unserem Streben nach Reinheit keine Grenze, sondern beweist nur unsere Degeneration. Nur Eitelkeit veranlasst uns dazu, die Schwarzen als Wilde zu betrachten. Sie sind nicht die Barbaren, für die wir sie halten.

Das Gesetz verpflichtet schwarze Frauen, sich von der Brust bis zu den Knien zu bedecken, wenn sie in eine Stadt gehen. Deshalb sind sie genötigt, ein Stück Stoff um ihren Körper zu wickeln. Folglich finden dementsprechend Stoffe in Südafrika reißenden Absatz, und Tausende solcher Decken oder Tücher werden jedes Jahr aus Europa importiert. Die Männer werden in ähnlicher Weise aufgefordert, sich von der Hüfte bis zu den Knien zu bedecken. Viele von ihnen sind deshalb dazu übergegangen, gebrauchte Kleidung aus Europa zu tragen. Andere tragen eine Art Kniebundhosen mit einem Gürtel. Alle diese Kleidungsstücke werden aus Europa importiert. (II, 23 f.)

(Sexuelle) Selbstkontrolle

Wenn deine Leidenschaft dein besseres Ich bedroht, wirf dich auf die Knie und rufe Gott um Hilfe an. *Ramanama* ist mein unfehlbares Hilfsmittel. Als äußerliche Hilfe nimm ein Hüftbad, d. h., setze dich in einen Kübel mit kaltem Wasser, wobei die Beine draußen bleiben, und du wirst feststellen, dass deine Leidenschaft sich sofort abgekühlt hat. Bleibe einige Minuten darin sitzen, es sei denn, du bist schwach und in Gefahr, dich zu erkälten. (IV, 124)

Beharren auf der Wahrheit

Beim Obersten Gericht von Natal beantragte Gandhi seine Zulassung als Anwalt, ein mühsamer Prozess. Nach seiner Vereidigung wurde er vom Oberrichter aufgefordert, seinen Turban abzunehmen. Dass er dieser Aufforderung nachkam, brachte ihm die Kritik seiner Freunde ein.

Es hätte sich zwar rechtfertigen lassen, wenn ich diese Anweisung nicht befolgt hätte, doch ich wollte meine Kräfte für wichtigere Kämpfe aufsparen. Ich durfte mein kämpferisches Geschick nicht darauf verwenden, meinen Turban aufbehalten zu dürfen. Es konnte besser eingesetzt werden.

Sheth Abdulla und andere Freunde sahen meine Nachgiebigkeit (oder war es Schwäche?) nicht gerne.

Sie meinten, ich hätte auf meinem Recht beharren müssen, als Anwalt im Gericht den Turban zu tragen. Ich versuchte, sie zu überzeugen und ihnen das Grundprinzip »Wenn du in Rom bist, benimm dich wie ein Römer« deutlich zu machen. »Eine Gehorsamsverweigerung wäre fehl am Platze«, argumentierte ich, »wenn Ihnen ein englischer Beamter oder Richter in Indien befiehlt, Ihren Turban abzunehmen. Doch als einem Mitglied des Gerichts stünde es mir schlecht an, eine Gepflogenheit des Gerichts in der Provinz Natal zu missachten.«

Mit solchen und ähnlichen Argumenten stellte ich die Freunde einigermaßen zufrieden, glaube aber nicht, dass ich sie in diesem Fall völlig von der Anwendbarkeit des Grundsatzes überzeugen konnte, dass man eine Sache unter verschiedenen Umständen verschieden beurteilen muss. Doch mein ganzes Leben hindurch hat mich gerade das Beharren auf der Wahrheit die Schönheit eines Kompromisses schätzen gelehrt. Ich erkannte später, dass diese Einstellung ein wesentlicher Teil von Satyagraha ist. Sie brachte mich häufig in Lebensgefahr und zog mir das Missfallen meiner Freunde zu. Doch die Wahrheit ist hart wie ein Diamant und zart wie eine Blüte. (I, 169 f.)

Ehrliche Geschäfte

Ich hatte Händler oftmals sagen hören, Wahrheit und Geschäft gingen nicht zusammen. Ich war schon damals anderer Meinung und bin das auch jetzt noch. Selbst heute sind unter meinen Freunden Händler, die behaupten, dass Wahrheit und Geschäft unvereinbar seien. Geschäfte, so sagen sie, seien eine sehr praktische Angelegenheit, Wahrheit hingegen eine Sache der Religion; praktische Angelegenheiten seien das Eine, Religion das Andere. Reine Wahrheit, so argumentieren sie weiter, komme bei Geschäften nicht infrage, man könne sie nur so weit sagen, wie sie etwas erbringe. Ich griff diese Auffassung in meiner Rede scharf an und machte den Händlern ihre Pflicht bewusst, die in ihrem Fall doppelt zähle. In einem fremden Land sei ihre Verpflichtung zur Wahrhaftigkeit deshalb noch größer, weil am Verhalten von wenigen Indern Millionen ihrer Landsleute gemessen würden.

(I, 146 f.)

Versprechen und Gelöbnisse

Die Auslegung von Gelöbnissen ist überall auf der Welt eine Quelle von Konflikten gewesen. Wie eindeutig auch immer ein Versprechen sein mag, die Menschen werden immer den Wortlaut drehen und wenden, um ihn ihren Zwecken anzupassen. Wir finden das in allen Klassen der Gesellschaft, bei den Reichen und bei den Armen, bei den Fürsten und bei den Bauern. Eigennutz macht sie blind, und durch die Wahl des zweideutigen Mittelwegs täuschen sie sich selbst und wollen auch noch die Umwelt und Gott täuschen. Eine goldene Regel besteht darin, die Auslegung jener Person, die das Versprechen abgenommen hat, ehrlich zu befolgen. Eine andere darin, beim Vorliegen von zwei Auslegungsmöglichkeiten die der schwächeren Seite zu befolgen. Die Nichtbeachtung dieser beiden Regeln führt zu Streit und Ungerechtigkeiten, deren Ursache fehlende Wahrhaftigkeit ist. Wer ausschließlich nach Wahrheit strebt, dem fällt es leicht, der goldenen Regel zu folgen. Er braucht keinen gelehrten Rat zur Auslegung zu suchen. (I, 76)

Wahrer Sozialismus

Sozialismus ist ein schönes Wort, und soviel ich sehe, sind im Sozialismus alle Glieder der Gesellschaft gleich – keines niedrig, keines hoch. Beim Körper des Menschen ist weder der Kopf hoch, weil er oben ist, noch sind die Sohlen der Füße niedrig, weil sie die Erde berühren. Genauso wie die Glieder des menschlichen Körpers gleich sind, so sind auch die Mitglieder der Gesellschaft gleich. Das ist Sozialismus.

In ihm stehen der Fürst und der Bauer, der Reiche und der Arme, der Arbeitgeber und der Arbeitnehmer alle auf der gleichen Ebene. In religiösen Begriffen ausgedrückt: Es gibt im Sozialismus keine Zweiheit. Er ist völlige Einheit.

Doch wenn man die Gesellschaft der ganzen Welt betrachtet, so ist da nichts als Zweiheit oder Vielfalt. Einheit glänzt durch Abwesenheit. Dieser Mensch ist hoch, jener niedrig, dieser ist Hindu, jener Muslim, ein dritter Christ, ein vierter Parse, ein fünfter Sikh, ein sechster Jude. Sogar unter all diesen gibt es noch Unterteilungen. In der Einheit, wie ich sie mir vorstelle, gibt es völlige Einheit bei einer Vielzahl von Gestalten.

Um diesen Zustand zu erreichen, dürfen wir die Dinge nicht mit philosophischem Gleichmut betrachten und sagen, wir brauchten uns nicht zu rühren, ehe alle zum Sozialismus bekehrt seien. Ohne unser Leben zu ändern, mögen wir damit fortfahren, Ansprachen zu halten, Parteien zu gründen und habichtartig die Macht zu ergreifen, wenn sich die Gelegenheit dazu bietet. Das ist kein Sozialismus. Je mehr wir ihn als ein Spiel um die Macht ansehen, desto weiter weicht er vor uns zurück.

Sozialismus beginnt mit dem ersten Bekehrten. Wenn es einen solchen gibt, so kann man der Eins

Nullen hinzufügen, und die erste Null gilt dann für zehn, und jede weitere Zufügung zählt dann zehnmal so viel wie die vorherige Zahl. Wenn dagegen am Anfang eine Null steht, mit anderen Worten, wenn niemand anfängt, so wird die Multiplizierung von Nullen auch nur den Wert Null ergeben. Wer sich mit dem Schreiben von Nullen beschäftigt, verschwendet nur Zeit und Papier.

Dieser Sozialismus ist rein wie Kristall. Er erfordert daher kristallklare Mittel zu seiner Erreichung. Unreine Mittel verunreinigen das Ziel. Weder werden Fürst und Bauer dadurch gleichgestellt werden können, dass man dem Fürsten den Kopf abschlägt, noch kann das Köpfen Arbeitgeber und Arbeitnehmer gleichstellen. Man kann Wahrheit nicht durch Unwahrheit erreichen. Wahrheit kann allein durch wahrhaftiges Verhalten erreicht werden. (IV, 350 f.)

Ethik in der Wirtschaft

Wirtschaftliche Einrichtungen, die die moralische Wohlfahrt eines Einzelnen oder eines Landes beeinträchtigen, sind unmoralisch und deshalb sündhaft. Wirtschaftliche Grundsätze, die es einem Volk erlauben, ein anderes auszurauben, sind unsittlich. Es ist Sünde, Waren zu kaufen und zu gebrauchen, die zu

Hungerlöhnen hergestellt worden sind. Es ist Sünde, amerikanischen Weizen zu essen und meinen Nachbarn, den Kornhändler, aus Mangel an Kunden darben zu lassen. Und so ist es auch Sünde, die letzten Neuheiten der Regent Street zu tragen, wenn ich weiß, dass die Stoffe, die Spinner und Weber in meiner Nachbarschaft hergestellt haben, nicht nur mich, sondern auch sie gekleidet und sie außerdem ernährt hätten. (IV, 382 f.)

Wenn Menschen durch Maschinen ersetzt werden

Frage: Sind Sie gegen jede Maschine, Bapuji [liebevolle Anrede]?
Antwort: Wie kann ich das sein, der ich doch weiß, dass selbst dieser Körper eine äußerst feine Maschine ist? Das Spinnrad ist auch eine Maschine; ein kleiner Zahnstocher ist eine Maschine. Was ich ablehne, ist die Besessenheit von der Maschine, nicht die Maschine an sich. Mit Besessenheit meine ich das, was sie arbeitssparende Maschinen nennen. Die Menschen fahren fort, »Arbeit zu sparen«, bis Tausende ohne Arbeit sind und auf der Straße landen, wo sie Hungers sterben. Ich möchte Zeit und Arbeit sparen, doch nicht

für einen Bruchteil der Menschheit, sondern für alle. Ich möchte Konzentration des Reichtums, aber nicht in den Händen weniger, sondern in den Händen aller. Heutzutage hilft die Maschine lediglich einigen wenigen, auf dem Rücken der Millionen zu reiten. Hinter alldem steht nicht das menschenfreundliche Bemühen, Arbeit zu sparen, sondern Gier. Dagegen kämpfe ich mit meiner ganzen Kraft.

Zur Finanzierung öffentlicher Institutionen

Nach vielen Erfahrungen mit den zahlreichen öffentlichen Institutionen, die ich geleitet habe, bin ich mittlerweile fest davon überzeugt, dass es nicht gut ist, öffentliche Institutionen mit festem Kapital zu betreiben. Festes Kapital enthält bereits den Keim des moralischen Verfalls der Institution. Eine öffentliche Institution ist eine Einrichtung, die von der Zustimmung und der Finanzierung durch die Öffentlichkeit lebt. Verliert eine solche Institution die öffentliche Unterstützung, büßt sie ihre Daseinsberechtigung ein. Man kann häufig beobachten, dass Institutionen, die aus festem Kapital finanziert werden, die öffentliche Meinung missachten und oft im Widerspruch zu ihr handeln. In unserem Land erleben wir das auf Schritt und Tritt. Einige der sogenannten religiösen Stiftungen legen überhaupt keine Rechenschaftsberichte mehr vor. Die Treuhänder sind zu Eigentümern geworden und niemandem mehr verantwortlich. Ich bin der festen Überzeugung, dass es das Beste ist, wenn öffentliche Institutionen sowie die Natur nur von einem Tag auf den anderen existieren. Die Institution, die keine öffentliche Unterstützung gewinnen kann, hat als solche keine Daseinsberechtigung. Die jährlichen Mitgliedsbeiträge, die eine Institution erhält, sind ein Prüfstein für ihre Popularität und die Ehrlichkeit ihrer Leitung. Meiner Meinung nach sollten sich alle Institutionen dieser Prüfung unterziehen. Man missverstehe mich nicht. Meine Bemerkungen gelten nicht für Körperschaften, die ihrem Wesen nach ohne feste Gebäude nicht arbeiten können. Ich möchte damit sagen, dass die laufenden Ausgaben aus den jährlichen freiwillig gezahlten Mitgliedsbeiträgen bestritten werden sollten. (I, 222)

Kontrolle der Presse

Bereits im ersten Erscheinungsmonat der *Indian Opinion* [von Gandhi begründete Zeitung in Südafrika] erkannte ich, dass das Ziel journalistischer Arbeit einzig und allein im Dienen bestehen muss. Die Presse stellt eine große Macht dar, doch eine unkontrollierte Feder wirkt nur zerstörerisch und gleicht darin einer ungebändigten Flut, die ganze Landstriche überschwemmt und die Ernten vernichtet. Eine Kontrolle von außen ist schlimmer als überhaupt keine Kontrolle. Kontrolle ist nur dann von Nutzen, wenn sie von innen heraus geübt wird. Wenn diese Überlegung richtig ist, wie viele Zeitungen auf der Welt bestehen dann die Prüfung? Wer aber könnte die nutzlosen am Erscheinen hindern? Und wer sollte Richter sein? Die nützlichen und die nutzlosen müssen, wie das Gute und Schlechte generell, nebeneinander weiterbestehen, und der Mensch muss zwischen ihnen wählen.

(I, 314 f.)

Bedingungen für einen erfolgreichen Streik

1. … nie zu Gewalt greifen, 2. nie Streikbrecher behelligen, 3. sich nie von Almosen abhängig machen, 4. unnachgiebig bleiben, egal wie lange der Streik dauert, und während des Streiks den Lebensunterhalt durch andere ehrliche Arbeit verdienen. (I, 461)

Aphorismen

»Wahre Freundschaft ist eine Seelenübereinstimmung, die sehr selten zu finden ist. Eine wirklich wertvolle und beständige Freundschaft ist nur zwischen zwei gleich veranlagten Menschen möglich.« (I, 34)

»Die Erfahrung hat mich gelehrt, dass Schweigen Teil der spirituellen Selbstdisziplin eines Anhängers der Wahrheit ist. Die Neigung, die Wahrheit – sei es wissentlich oder unwissentlich – zu übertreiben, zu unterdrücken oder zu verändern, ist eine natürliche Schwäche des Menschen; um sie zu überwinden, ist Schweigen nötig.« (I, 81)

»Auf die Versprechungen der Menschen war fast immer Verlass, nur nicht, wenn es um Geld ging.« (I, 172)

»Wo Toleranz, Nächstenliebe und Wahrheit herrschen, können selbst Unterschiede lehrreich sein.« (I, 181)

Dienst am Menschen (Pflege): »Ein solcher Dienst hat nur dann Sinn, wenn er freudig getan wird. Wer ihn nur um des Aufsehens willen oder aus Furcht vor der öffentlichen Meinung verrichtet, der wird verdorben und geistig geschädigt. Ein freudlos verrichteter Dienst hilft weder dem, der ihn tut, noch dem, der ihn empfängt. Aber ein Dienst, der freudig geleistet wird, lässt alle anderen Freuden und Besitztümer zu nichts verblassen.« (I, 198)

»Meine Erfahrung hat mich gelehrt, dass wir am schnellsten Gerechtigkeit erlangen, wenn wir auch der anderen Seite Gerechtigkeit widerfahren lassen.«

(I, 206)

»Es ist müßig, bei Vorfällen, die bereits geschehen sind, entscheiden zu wollen, was an ihnen richtig oder falsch war. Es ist nützlich, sie zu verstehen und aus ihnen, wenn möglich, Lehren für die Zukunft zu ziehen. Voraussagen zu wollen, wie ein bestimmter Mensch unter bestimmten Umständen handeln wird, ist ein schwieriges Unterfangen. Außerdem ist deutlich, dass die Beurteilung eines Menschen nach seinem äußeren Handeln nur eine fragwürdige Vermutung darstellen kann, da sie nicht auf ausreichendem Wissen beruht.« (I, 217)

»Ich bin der unumstößlichen Ansicht, dass man für öffentliche Tätigkeit keine teuren Geschenke annehmen darf.« (I, 247)

»Ich glaubte damals und glaube es noch heute, dass man – egal wie viel Arbeit man hat – immer etwas Zeit finden muss, sich Bewegung zu verschaffen, geradeso wie man sie sich fürs Essen verschafft. Meiner bescheidenen Meinung nach wird die Arbeitsfähigkeit dadurch nicht gemindert, sondern im Gegenteil gesteigert.« (I, 259 f.)

»Obwohl ich in meinem Leben zwei schwere Krankheiten durchgemacht habe, glaube ich, dass der Mensch selten Grund hat, sich mit Medikamenten vollzustopfen. 999 von 1000 Fällen können mit einer gut durchdachten Diät, mit Wasser- und Erdbehandlungen und ähnlichen Hausmitteln kuriert werden. Wer bei der geringsten Unpässlichkeit gleich zum Arzt, Vaidya oder Hakim läuft und alle möglichen pflanzlichen und mineralischen Medikamente schluckt, verkürzt nicht nur sein Leben, sondern verliert auch dadurch, dass er sich zum Sklaven seines Körpers macht, statt dessen Herr zu bleiben, die Selbstbestimmung und hört auf, Mensch zu sein.« (I, 297)

»Der Mensch und seine Taten sind zweierlei. Während eine gute Tat Lob und eine schlechte Tat Missfallen hervorrufen sollte, verdient der Handelnde – sei er gut oder schlecht – immer Respekt oder Mitleid, je nach Lage der Dinge. ›Hasse die Sünde und nicht den Sünder‹ ist der Grundsatz, der, obwohl er leicht zu verstehen ist, nur selten verwirklicht wird, und deshalb breitet sich auch das Gift des Hasses über die ganze Welt aus.« (I, 303)

»Ich kenne das Vorurteil, wonach Selbsterkenntnis nur im vierten Lebensstadium – *sannyasa* (Entsagung) – möglich sein soll. Aber jedermann weiß, dass Menschen, die die Vorbereitung auf diese unschätzbare Erfahrung bis zum letzten Lebensstadium hinausschieben, nicht Selbsterkenntnis, sondern ihr Greisenalter erreichen, das einer zweiten und bemitleidenswerten Kindheit gleicht, und als Last auf dieser Erde leben.« (I, 369)

»So wie die Ausbildung des Körpers durch Leibesübungen und die des Intellekts durch die Übung des Verstandes erfolgen müssen, ist die innere Erziehung nur durch die Einübung einer moralischen Haltung möglich. Und diese hing vollständig vom Leben und Charakter des Lehrers ab. Der Lehrer musste sich immer korrekt verhalten, ob er unter seinen Jungen war oder nicht.« (I, 369)

»Wirkliches Leiden, mutig ertragen, bewirkt, dass selbst ein steinernes Herz schmilzt. Das ist die Stärke des Leidens oder des *tapas* [= asketische Anstrengung, Selbstbeherrschung]. Und darin liegt der Schlüssel zu Satyagraha.« (II, 30)

»Der Mensch kann sein Temperament verändern, kann es zügeln, aber er kann es nicht auslöschen. Gott hat ihm nicht so viel Freiheit gegeben. Sowenig wie der Leopard seine Flecken verändern kann, kann der Mensch die Eigentümlichkeiten seiner geistigen Verfassung modifizieren.« (II, 155)

»Die Erfahrung hat mich gelehrt, dass Geld nicht so viel bewirken kann wie Kameradschaftsgefühl, freundliche Worte und freundliche Blicke. Wenn ein Mensch, der unbedingt reich werden will, durch einen anderen reich geworden ist, doch ohne ihm gegenüber Sympathie zu empfinden, so wird er ihn auf lange Sicht verlassen. Andererseits ist jemand, der durch Liebe gewonnen wurde, bereit, gemeinsam mit dem, der ihm seine Liebe schenkte, endlosen Schwierigkeiten entgegenzutreten.« (II, 235)

»Die Fessel des Sklaven ist in dem Augenblick zerrissen, in dem er sich selbst als ein freies Wesen betrachtet.«

(IV, 73)

»Könnten wir alle unsere jeweilige Definition von Gott geben, wären das so viele Definitionen, wie es Männer und Frauen gibt. Doch hinter dieser Vielzahl an Definitionen gibt es ein gewisses unverwechselbares Etwas, das allen gemeinsam ist. Denn die Wurzel ist ein und dieselbe. Gott ist dieses undefinierbare Etwas, das wir alle spüren, ohne es zu wissen.« (IV, 108)

»Meine tägliche Erfahrung wie auch die Erfahrung meiner Mitarbeiter ist, dass jedes Problem einer Lösung zugeführt werden kann, wenn wir entschlossen sind, das Gesetz der Wahrheit und Gewaltfreiheit zum Gesetz des Lebens zu machen. Denn Wahrheit und Gewaltfreiheit sind für mich die beiden Seiten ein und derselben Münze.« (IV, 113)

»Erholung ist da, wo du dich nicht zerstreust, sondern dich neu erschaffst.« (IV, 124)

»Das Geheimnis des glücklichen Lebens liegt in der Entsagung. Entsagung ist Leben.« (IV, 142)

»Die Tyrannen von einst wurden niemals so verrückt, wie es Hitler geworden zu sein scheint.« (IV, 316)

»Meine Vorstellung von Demokratie ist die, dass unter ihr der Schwächste die gleiche Chance haben sollte wie der Stärkste. Das kann nur durch Gewaltfreiheit geschehen. Kein Land auf der Welt betrachtet heute den Schwachen anders als herablassend. Den Schwächsten, sagt man, beißen die Hunde.« (IV, 342)

»Ich schätze die individuelle Freiheit hoch, aber ihr solltet nicht vergessen, dass der Mensch im Grunde ein soziales Wesen ist. Er hat sich zum gegenwärtigen Zustand erhoben, weil er es lernte, seinen Individualismus den Erfordernissen des sozialen Fortschritts anzupassen. Uneingeschränkter Individualismus ist das Gesetz des Tieres im Dschungel. Wir haben es gelernt, den Mittelweg zwischen individueller Freiheit und sozialer Einschränkung zu finden. Bereitwillige Unterwerfung unter die soziale Einschränkung um des Wohles der ganzen Gesellschaft willen bereichert sowohl das Individuum als auch die Gesellschaft, deren Mitglied es ist.« (IV, 346 f.)

»Das Leben wird von einer Vielzahl von Kräften bestimmt. Es wäre ein sanftes Segeln, wenn sich die Richtung des eigenen Handelns ausschließlich durch ein allgemeines Prinzip bestimmen ließe, dessen Anwendung in einem gegebenen Augenblick zu offenkundig wäre, um auch nur einen Augenblick des Nachdenkens zu erfordern. Aber ich kann mich an keine einzige Handlung erinnern, die so leicht zu bestimmen gewesen wäre.« (IV, 357)

»Gott erschafft nie mehr, als was für den Augenblick unbedingt nötig ist. Die Folge ist, dass einer, wenn er mehr nimmt, als er wirklich braucht, seinen Nachbarn in Armut stürzt. Der Hunger der Menschen in verschiedenen Teilen der Welt rührt daher, dass viele von uns sich sehr viel mehr nehmen, als sie brauchen. Wir mögen die Geschenke der Natur benützen, wie wir wollen, aber in ihren Büchern gleichen sich Soll und Haben immer aus. Es gibt in keiner Spalte einen Überhang.« (IV, 401)

»Wir schämen uns nicht, unzählige andere Lebewesen zu töten, um unseren vergänglichen Leib besser auszustatten und seine Lebenszeit um einige flüchtige Augenblicke zu verlängern, und das führt zu dem Ergebnis, dass wir uns selbst töten, den Leib und die Seele.«

(I, 351)

»Kurz gesagt: Alkohol richtet einen Menschen physisch, moralisch, geistig und ökonomisch zugrunde.«

(III, 333)

»Nur der ist religiös, nur der ist glücklich und nur der ist reich, der innerlich aufrichtig ist, nichts Böses will, niemanden ausbeutet und immer mit reiner Gesinnung handelt. Nur solche Menschen können der Menschheit dienen. Wie kann ein feuchtes Streichholz ein Scheit zum Brennen bringen? Wie kann jemand, der nicht moralisch handelt, einen anderen zu solchem Handeln anleiten? Wie kann ein ertrinkender Mensch einen anderen vor dem Ertrinken retten? Wer ein moralisches Leben führt, fragt nie, wie man der Welt dienen kann, weil er nie im Zweifel darüber ist.«

(III, 47)